Schriften zum Kunst- und Kulturrecht

Band 31

unterstützt durch

Institut für Kunst und Recht
IFKUR e.V.

UNI
GRAZ

Matthias Weller | Nicolai B. Kemle | Thomas Dreier (Hrsg.)

Handel – Provenienz – Restitution

Tagungsband des Zwölften Heidelberger Kunstrechtstags am 20. und 24. Oktober 2018

Nomos DIKE facultas

Onlineversion
Nomos eLibrary

Die Deutsche Nationalbibliothek verzeichnet diese Publikation in der Deutschen Nationalbibliografie; detaillierte bibliografische Daten sind im Internet über http://dnb.d-nb.de abrufbar.

ISBN 978-3-8487-6437-2 (Print)
ISBN 978-3-7489-0560-8 (ePDF)

ISBN 978-3-03891-195-1 (Dike Verlag, Zürich/St. Gallen)
ISBN 978-3-7089-1974-4 (facultas Verlag, Wien)

1. Auflage 2020

Vorwort

Der vorliegende Tagungsband enthält die Beiträge des Zwölften Heidelberger Kunstrechtstags, den das Institut für Kunst und Recht IFKUR e.V. und die Forschungsstelle Provenienzforschung, Kunst- und Kulturgutschutzrecht FPK der Universität Bonn in Kooperation mit dem Institut für Informations- und Wirtschaftsrecht des Zentrums für angewandte Rechtswissenschaft (ZAR) des Karlsruher Instituts für Technologie (KIT) am 20. Oktober 2018 in den Räumen der Heidelberger Akademie der Wissenschaften und am 24. Oktober 2018 im Universitätsclub Bonn veranstaltet hat. Es kamen Grundfragen zum Restitutionsrecht, zum Kulturgüterschutz, zum Kunst- und Kunstprozessrecht sowie zur Provenienzforschung zur Sprache.

Den ersten Tag in Heidelberg eröffnete Prof. Dr. Dr. h.c. mult. *Erik Jayme*, Institut für ausländisches und internationales Privat- und Wirtschaftsrecht der Universität Heidelberg sowie IFKUR-Beirat, mit seinem Vortrag „Die verschwiegene Provenienz: Der Heidelberger Trübner-Fall und die Auslegung des § 40 KGSG". Anschließend skizzierte Dr. *Markus Kiesel*, deutscher Musikwissenschaftler und Kulturmanager sowie Leiter des Forums „Bühnen- und Musikrecht" des IFKUR, „Richard Wagner und die Malerei – Begegnungen". Erneut ergriff sodann Prof. *Jayme* das Wort zum „Kunstrecht als Gegenstand der Kunst". Im Anschluss stellte Prof. Dr. *Gerte Reichelt*, em. Jean Monnet Professorin für Europarecht an der Universität Wien und Vorsitzende der Forschungsgesellschaft Kunst & Recht an der Universität Wien sowie IFKUR-Beirätin, „Neue Perspektiven für Schutz von Kulturgut aus kolonialem Kontext" vor.

Am zweiten Tag in Bonn eröffnete Prof. *James Bindenagel*, Henry Kissinger Professor und Leiter des Center for International Security and Governance an der Rheinischen Friedrich-Wilhelms-Universität Bonn sowie US-Sonderbotschafter für Holocaust-Fragen a.D. (1998–2002) zum zwanzigsten Jubiläum der „Washington Principles on Nazi-confiscated Art" mit seiner „unvollendeten Geschichte von Nazi-Raubkunst". Prof. Dr. *Haimo Schack*, LL.M. (Berkeley/USA), Inhaber des Lehrstuhls für Bürgerliches Recht, Internationales Privat- und Zivilprozessrecht, Urheberrecht sowie Direktor des Instituts für Europäisches und Internationales Privat- und Verfahrensrecht an der Christian-Albrechts-Universität zu Kiel, referierte zu den „Zivilrechtlichen Auswirkungen des KGSG: Importverbote und Transparenzpflichten". Schließlich entfaltete Prof. Dr. *Thomas Dreier*,

M.C.J. (New York University of Law), Leiter des Instituts für Informations- und Wettbewerbsrechts und des Zentrums für Angewandte Rechtswissenschaft am Karlsruher Institut für Technologie (KIT), seine Theorie zur Regulierung des Visuellen „Von ‚Kunst und Recht' zu ‚Bild und Recht'".

Die Realisierung des Zwölften Heidelberger Kunstrechtstags ist der großen und großzügigen Unterstützung zahlreicher Personen und Institutionen geschuldet: An erster Stelle stehen die exzellenten Vor- und Beiträge der Referentinnen und Referenten. Der Nomos-Verlag ermöglichte überdies das Erscheinen des vorliegenden Tagungsbands. Viele IFKUR-Vereinsmitglieder trugen zum Gelingen der Tagung bei. Ohne die umsichtige Korrektur der Beiträge und die sorgfältige Betreuung der Drucklegung durch Ref. iur. Sebastian Hitzel, LL.B., Universität Bonn, hätte der Tagungsband nicht die redaktionelle Qualität erreicht, in der er nun vorliegt. Die Herausgeber danken hierfür herzlich!

Die anhaltend hoch erfreuliche Resonanz auf die Heidelberger Kunstrechtstage ermutigt die Veranstalter zur nächsten Runde – den Dreizehnten Heidelberger Kunstrechtstag am 16. und 17. Oktober 2020. Informationen finden sich alsbald wie gewohnt unter www.ifkur.de.

Matthias Weller, Bonn
Nicolai Kemle, Heidelberg
Thomas Dreier, Karlsruhe

Inhalt

Die verschwiegene Provenienz: Der Heidelberger Trübner-Fall und die Auslegung des § 40 KGSG

Erik Jayme[*]

I. Der „Junge Priester" aus der Sammlung Wolfgang Gurlitt

Zum 100. Todestag des Heidelberger Malers Wilhelm Trübner (1851–1917) veranstaltete die Universitätsbibliothek Heidelberg eine kleine Ausstellung. Sie trug den Titel „‚Reine Malerei' zwischen Impressionismus und Abstraktion".[1] Die Exponate entstammten dem Kurpfälzischen Museum der Stadt Heidelberg sowie meiner eigenen Privatsammlung. Unter den Leihgaben aus meiner Sammlung befand sich auch eine Ölstudie mit dem Titel „Junger Priester die Monstranz haltend".[2]

Bei der Vorbereitung der Ausstellung stellte sich heraus, dass der „junge Priester" eine vorbereitende Studie zu dem großen Gemälde „Tilly reitet während der Schlacht bei Wimpfen in die Dominikanerkirche, um für den glücklichen Ausgang der Schlacht den Segen des Himmels zu erbitten" darstellt, das 1882 entstanden ist und das sich im Kurpfälzischen Museum in Heidelberg befindet.

---

* Prof. Dr. Dr. h.c. mult. Erik Jayme, LL.M. (Berkeley), Institut für ausländisches und internationales Privat- und Wirtschaftsrecht der Universität Heidelberg, IFKUR-Beirat, Mitglied der philosophisch-historischen Klasse der Heidelberger Akademie der Wissenschaften.

1 Siehe hierzu *Erik Jayme*, Wilhelm Trübner (1851–1917): Künstler einer Zeitenwende, Nachrichten aus der Kunstsammlung Erik Jayme Nr. 33 (Mai 2018), S. 6 ff.

2 Abbildungen mit Details in: Nachrichten aus der Kunstsammlung Erik Jayme Nr. 16 (August 2010), S. 22, 23, 25 sowie Text, S. 2 f., sowie Nr. 32 (August 2017), S. 2.

Abb. 1: Wilhelm Trübner, Junger Priester die Monstranz haltend 1881, Kurpfälzisches Museum Heidelberg, vorher Sammlung Erik Jayme.

Abb. 2: Wilhelm Trübner, Tilly reitet in der Schlacht von Bad Wimpfen in die Dominikanerkirche 1882, Bildzitat aus AK Heidelberg, 1994, S. 176 Nr. 49.

Demnach dürfte die Studie um 1881 entstanden sein. Das Kurpfälzische Museum veranstaltete demgemäß am 14.12.2017 – kurz vor dem 100. Todestag des Malers – einen Gesprächsabend in der Reihe „Kunst im Salon“ unter dem Titel „Der Heidelberger Impressionist Wilhelm Trübner“, an dem das große Tilly-Gemälde aus dem Depot geholt, gezeigt und besprochen wurde. Die Ausstellung in der Universitätsbibliothek fand ein vielfältiges Echo, auch in der Presse. Es gab viele öffentliche Führungen. Als sich die Ausstellung ihrem Ende näherte, beschloss ich, den „jungen Priester“ dem Kurpfälzischen Museum in Erinnerung an die gemeinsame Kuratierung der Trübner-Ausstellung zu schenken. Ich begründete diesen Schritt auch damit, dass ich das Bild befragt hatte, das seinen klaren Wunsch geäußert habe, in das Kurpfälzische Museum zu gelangen.[3]

Bei der Vorbereitung des Schenkungstermins und der hierfür einberufenen Pressekonferenz beschäftigte ich mich näher mit der Herkunft des Bildes. Ich hatte das Werk im Jahre 2010 im Auktionshaus Neumeister in

3 Siehe hierzu *Erik Jayme*, Ansprache anlässlich der Pressekonferenz am Montag, den 26.2.2018, Nachrichten aus der Kunstsammlung Erik Jayme Nr. 33, S. 14 ff., mit Pressefoto und Bericht aus der Rhein-Neckar-Zeitung, 1.3.2018, S. 13.

München erworben.[4] Eine Provenienz hatte ich in meinem Eingangsbuch nicht verzeichnet. Nunmehr konnte ich aus einem kleinen Katalog einer 1962 in Berlin veranstalteten Trübner-Ausstellung ersehen, dass das dort abgebildete und näher besprochene Bild aus der Sammlung Wolfgang Gurlitt stammte.[5] Ich schrieb am 26.1.2018 einen Brief an das Münchner Auktionshaus und fragte, ob der Katalog Provenienzangaben enthalten habe. Ich erhielt keine Antwort. Am 28.2.2018 schenkte ich das Bild dem Kurpfälzischen Museum.

Im Mai 2018 erhielt ich den Katalog des Auktionshauses Ketterer für die 465. Auktion „Kunst des 19. Jahrhunderts". Dort wurde unter der Nr. 63 ein Selbstbildnis von Wilhelm Trübner angeboten. In dem Ketterer-Katalog wird auf einer halben Seite die Provenienz angegeben.[6] Das Bild war durch viele Hände gegangen. Zu den im Einzelnen aufgeführten Vorbesitzern gehörte auch Wolfgang Gurlitt. Das „Selbstbildnis" war wie der „Junge Priester" auf einer Berliner Ausstellung des Jahres 1962 ausgestellt worden, in deren Katalog es ausführlich beschrieben wird.[7] Diese Trübner-Bilder von Wolfgang Gurlitt gehörten früher zu der Sammlung Berthold Nothmann, Berlin, der 1939 zum Verkauf seiner Sammlung gezwungen wurde. Aus dem Ketterer-Katalog lässt sich entnehmen, dass im Jahre 2011 eine gütliche Einigung des letzten nicht namentlich genannten Privatbesitzers des Selbstbildnisses mit den Erben Berthold Nothmanns stattgefunden hatte. Ferner findet sich der folgende Vermerk: „Es liegt eine Bestätigung über die gütliche Einigung mit den Erben Berthold Nothmanns vor".[8] Es liegt nahe, dass auch der „Junge Priester" aus der Sammlung

---

4 Neumeister, Auktionshaus München, Auktion 348 Los Nr. 766 (30. Juni 2010).

5 Siehe auch den Verkaufskatalog „Wilhelm Trübner – Heidelberg 1851 – 1917 Karlsruhe", Kleine Galerie Helmut Tenner – Bibliograficum Erna Tenner, Ausstellung vom 11.2. bis 10.3.1962, freundlicher Hinweis von Herrn Dr. Thilo Winterberg, Heidelberg.

6 Ketterer Kunst, 465. Auktion – Kunst des 19. Jahrhunderts, 18.5.2018, S. 64.

7 Ausstellung „Wilhelm Trübner – Gemälde, Zeichnungen", Berlin 1962; Veranstalter Kunstamt Reinickendorf 27.9. bis 24.10.1962, Kunstamt Wilmersdorf 26.10. bis 17.11.1962. Der Katalog enthält keine Seitenzahlen, Der „Junge Priester" ist auf Seite 7 des Textes abgebildet und auf Seite 8 näher beschrieben. Der Katalog enthält folgenden Vermerk: „Herrn Wolfgang Gurlitt, München, kommt das Verdienst zu, die Anregung zu dieser Ausstellung gegeben und den größten Teil der gezeigten Werke zur Verfügung gestellt zu haben." Das Bild „Junger Priester mit Monstranz" ist im Katalog unter Nr. 15 aufgeführt; als Leihgeber ist bezeichnet „Galerie Wolfgang Gurlitt, München".

8 Oben Note 7; siehe allgemein *Christoph Zuschlag*, „Vom Bild zum Bildnachweis, ... über die Provenienzforschung als Zentralaufgabe der Kunstgeschichte", Kunstzeitung, Juli 2018, S. 3.

Wolfgang Gurlitt einst Berthold Nothmann gehörte, obwohl insoweit eine letzte Gewissheit bisher nicht erlangt werden konnte, zumal die Provenienz anders als bei dem „Selbstbildnis" bisher verschwiegen oder nur teilweise oder in Andeutungen bekannt geworden ist.

Am 6.5.2018 schrieb ich einen weiteren Brief an das Auktionshaus Neumeister und wies auf diesen Sachverhalt hin. Es folgte wieder keine Antwort. Ein Telefongespräch mit einer Angestellten des Auktionshauses Neumeister verlief freundlich, aber ergebnislos. Die Zwischenprovenienz nach Wolfgang Gurlitt sowie die Vorgeschichte, bevor Wolfgang Gurlitt das Bild erwarb, wurden nicht – auch nicht allgemein, ohne Namensnennung – mitgeteilt. Es könnte sein, dass der Einlieferer im Jahre 2010 das Bild noch schnell veräußerte, ehe es im Jahre 2011 zu der Einigung mit den Nothmann-Erben kam. Es kann aber auch sein, dass er von diesen Verhandlungen gar nichts wusste, zumal das Bild bereits auf zwei Auktionen angeboten worden war.

Erst vor wenigen Wochen konnte ich mit Hilfe von Herrn Dr. Winterberg die Provenienz teilweise klären. Das Bild war nämlich am 15.10.2004 auf einer Winterberg-Auktion unverkauft geblieben. Einlieferer war damals ein fränkischer Privatsammler. Das Bild erschien noch am 24.3.2006 auf einer Auktion bei Koller in Zürich und blieb ebenfalls unverkauft, ehe es bei Neumeister am 30.6.2010 in München angeboten und von mir erworben wurde.

Damit ist sicher, dass ich das Bild damals auf jeden Fall gutgläubig gemäß § 935 Abs. 2 BGB erworben habe, welcher den gutgläubigen Erwerb von abhanden gekommenen Sachen, die im Wege einer öffentlichen Versteigerung veräußert werden, zu jener Zeit ermöglichte.[9]

II. Zur Rechtslage

1. Raubgut

Kommen wir zur heutigen Rechtslage, insbesondere zur Bedeutung des neuen § 40 des Kulturgutschutzgesetzes, der in Absatz 2 die Rechtsgeschäfte, d.h. die Verpflichtungs- und Verfügungsgeschäfte, mit abhanden gekommenen Kulturgütern für nichtig erklärt.[10] Insgesamt zeigt sich hier zu-

9 Zum Begriff der „öffentlichen Versteigerung" siehe § 383 Abs. 3 BGB.

10 Siehe hierzu *Erik Jayme*, Zivilrechtliche Fragen zu abhanden gekommenen Kulturgütern: Betrachtungen zu der Neuregelung des § 40 KGSG, Festschrift Lynen,

gleich die Auswirkung der Provenienzforschung auf die Rechtsfragen des Kunsthandels. Zu unterscheiden sind die zivilrechtlichen Grundlagen des Erwerbs abhanden gekommener Kunstwerke von den Auswirkungen der „Washington Principles on Nazi-Confiscated Art“, die zwar damals im Jahre 1998 als “non-binding principles“ bezeichnet wurden[11], aber in der Zwischenzeit doch eine gewisse narrative Bedeutung erlangt haben, weil einzelne Teilnehmerstaaten, wie die Bundesrepublik Deutschland, sie in ihre Verwaltungspraxis übernommen haben. Auch eine Bindung privatrechtlicher Art an diese Prinzipien durch Erklärung, so im Falle von Cornelius Gurlitt, oder Vertrag ist denkbar. Ein Blick nach Frankreich führt zu einer weiteren Rechtsquelle, nämlich zur Erklärung vom 5.1.1943 in London durch 18 Staaten, dass sie Enteignungen durch die Kriegsgegner nicht für rechtsgültig ansehen, eine Erklärung, die in Frankreich durch eine „ordonnance législative“ vom 21.4.1945 umgesetzt wurde. Jüngst hat die Cour d'Appel von Paris ihre Entscheidung vom 2.10.2018 auf diese ordonnance gestützt.[12] Ein amerikanisches Ehepaar hatte im Jahre 1995 auf einer Auktion bei Christie's in New York ein Bild von Camille Pissarro erworben, das in Paris ausgestellt werden sollte. Die Erben des 1943 enteigneten jüdischen Kunstsammlers Simon Bauer erreichten die Verurteilung zur Restitution dieses Bildes. Eine Verjährung sei nicht eingetreten, da der böse Glaube der heutigen Besitzer vermutet werde. Abzuwarten bleibt, ob der Kassationshof diese Entscheidung bestätigt.

Zurück zum Trübner-Fall. Man wird wohl davon ausgehen können, dass es sich bei den Trübner-Bildern der Sammlung Nothmann zunächst um „Raubgut“, also um „Nazi-Confiscated Art“ handelte. Eine direkte Enteignung des Sammlers hatte offenbar nicht stattgefunden. Die Provenienzangaben im Ketterer-Katalog vom Mai dieses Jahres sprechen von einem Zwangsverkauf 1939 an den Kunsthändler Karl Buchholz, Berlin.[13] Dieser war im Übrigen einer der Kunsthändler, den die Nazis mit der Verwertung der Werke „Entarteter Kunst“ beauftragt hatten.

Der Begriff des Raubguts ist allerdings nicht auf die Fälle der Enteignung begrenzt. Es geht vor allem auch um die Frage, ob Zwangsverkäufe in der Nazizeit, die z.T. auch zu einem marktgerechten Preis erfolgten, un-

---

2018, S. 239 ff.; *Haimo Schack*, Zivilrechtliche Auswirkungen des KGSG: Importverbote und Transparenzpflichten, in diesem Band S. 73 ff. = KUR 2018, 112 ff.

11 Text in IPRax 1999, 284 f.

12 Cour d'Appel de Paris, Arret du 02 octobre 2018, no. 17/20580.

13 Oben Note 7.

ter diesen Begriff fallen,[14] da sie keine formelle Enteignung darstellten. Im jüngsten Welfenschatz-Urteil des United States Court for the Dictrict of Columbia vom 10.7.2018[15] ging es um jüdische Kunsthändler, welche diesen Schatz erworben hatten und gezwungen wurden, die zu diesem Schatz gehörenden Werke zu einem geringeren Preis als dem wirklichen Werk zu veräußern. Das Gericht, das sich mit prozessualen Fragen auseinandersetzte, übernahm diese Fakten aus dem Vortrag der Kläger und hielt die Klage gegen die Bundesrepublik Deutschland in den USA für zulässig. Man wird also davon ausgehen können, dass auch Zwangsverkäufe durch jüdische Eigentümer die betroffenen Kulturgüter als Raubgut erscheinen lassen. Ein weiteres Problem ergibt sich dann, wenn nach dem Zweiten Weltkrieg eine Entschädigung erfolgte.[16] Hier geht es um die Frage, ob damit das Kulturgut gleichsam „rein gewaschen" wurde und nunmehr nicht mehr den Washington Principles unterliegt. In diesem Zusammenhang können sich dann, wie der Ludovico Carracci-Fall des OLG Köln[17] zeigt, auch komplizierte Probleme des anwendbaren Rechts ergeben.[18]

Wie sich die Dinge im hier vorgestellten Trübner-Fall genau darstellen, ist bisher öffentlich nicht bekannt, aber der Zwangsverkauf spricht dafür, dass diese Werke als „Raubgut" eingestuft werden können. Über den jüdischen Sammler Berthold Nothmann und den Zwangsverkauf seiner Sammlung, bzw. die Einigung mit den Erben, ist bislang nur wenig veröffentlicht worden. Jürgen Trimborn beschreibt aber in seiner Biographie über Arno Breker etwas näher das Sammlerprofil des aus einer jüdisch-oberschlesischen Familie stammenden Berthold Nothmann, der seit Ende des Ersten Weltkriegs Generaldirektor der Oberschlesischen Stahlwerksgesellschaft war.[19] Es gehört hier zu den Seltsamkeiten der Geschichte, dass

---

14 Siehe z.B. den Bericht „Raubkunst-Streit um ‚Füchse' – Kommission soll bei Franz Marc-Gemälde zwischen Erben und Museum vermitteln", Rhein-Neckar-Zeitung, 22.8.2018, S. 11.

15 KUR 2018, 98 ff.; siehe hierzu *Tom Kline/Eden Burgess*, U.S. Federal Appeals Court Says Guelph Treasures Case May Proceed Against Stiftung Preussischer Kulturbesitz But Federal Republic of Germany Is Immune From Suit, KUR 2018, 72 f.

16 OLG Köln, 8.7.2016, KUR 2016, 150; siehe hierzu *Milena Reinfandt*, Kein doppelter Schadensersatz für ein 1937 bei Lempertz versteigertes und 1964 restituiertes Bild eines jüdischen Kunsthändlers, KUR 2017, 40 ff.; *Erik Jayme*, Provenienz und Restitution: Ludovico Carracci in New York, Bulletin Kunst & Recht (Wien) 2017/2 – 2018/1, 5 ff.

17 OLG Köln, oben Note 17.

18 Siehe *Erik Jayme*, Anm. zu OLG Köln, 8.7.2016, IPRax 2017, 410 f.

19 *Jürgen Trimborn*, Arno Breker: Der Künstler und die Macht, Eine Biographie, Berlin 2011, S. 70 ff.

Berthold Nothmann dem später so Hitler-nahen Bildhauer Arno Breker einen einjährigen Studienaufenthalt in Paris finanzierte.[20] Was das Schicksal der Sammlung Nothmann in der Nazizeit angeht, so erwarb der Schweizer Sammler Bührle von Nothmann zwei Bilder von Paul Cézanne. Insgesamt liegt es nahe, dass die Werke von Wilhelm Trübner, die sich später in der Sammlung Wolfgang Gurlitt befanden, dem Sammler Nothmann i.S.d. § 935 Abs. 1 BGB abhanden gekommen waren, bzw. als „Nazi-Confiscated Art" im weiteren Sinne qualifiziert werden können.

Fragt man nach den Rechtsfolgen einer solchen Einstufung im Rahmen der Washington Principles, so sind diese nicht vorgegeben, bzw. können sich flexibel gestalten. Wichtig ist die Beteiligung der Erben der Naziopfer. In Betracht kommt auch eine „narrative" Wiedergutmachung, etwa die Anbringung einer Tafel an oder neben dem ausgestellten Bild, das die Provenienz des Bildes und das Schicksal der verfolgten Kunstsammler beschreibt.

2. *Gutgläubiger Erwerb gemäß § 935 Abs. 2 BGB alter Fassung im Jahre 2010*

Allerdings ermöglichte früher die Vorschrift des § 935 Abs. 2 BGB den gutgläubigen Erwerb abhanden gekommener Sachen, damals auch von Kulturgütern, wenn diese im Wege einer öffentlichen Versteigerung veräußert wurden. Die Vorschrift des § 935 Abs. 2 BGB wurde aber mit dem Inkrafttreten des neuen Kulturschutzgesetzes am 6.8.2016 für den Bereich der öffentlichen Versteigerung von Kulturgütern abgeschafft. Das ergibt sich aus § 40 des Gesetzes.[21] Nach Absatz 1 der Vorschrift ist nämlich das Inverkehrbringen von Kulturgut, das abhandengekommen ist, verboten. Nach § 40 Abs. 2 KGSG sind Verpflichtungs- und Verfügungsgeschäfte, die nach Absatz 1 verboten sind, nichtig. Unbemerkt von der allgemeinen Zivilistik hat hier im Übrigen der Gesetzgeber im Bereich des Rechtsverkehrs mit Kulturgütern das klassische Abstraktionsprinzip abgeschafft und damit eine Säule des deutschen Privatrechts insoweit zum Einsturz gebracht, dessen Geltung einst von Tuhr auch bei verbotenen Geschäften vehement ver-

---

20 *Jürgen Trimborn*, vorige Note, S. 72.

21 Siehe hierzu *Erik Jayme*, Aktuelle Entwicklungen im Internationalen Kunstrecht, IPRax 2018, 455 f.; *ders.*, Festschrift Lynen, oben Note 10; ganz überzeugend die Kritik an § 40 Abs. 2 KGSG von *Haimo Schack*, Zivilrechtliche Auswirkungen des KGSG: Importverbote und Transparenzpflichten, in diesem Band S. 75 ff., insbesondere S. 77 ff. = KUR 2018, 112 ff., insbesondere 114 ff.

teidigt hatte.[22] Allerdings dürfte eine Ersitzung gemäß § 937 BGB heute weiterhin noch möglich sein. Auch die Verjährungsfrist für die Herausgabe abhanden gekommener Kulturgüter dürfte noch anwendbar sein.

Was nun das Bild des jungen Priesters von Wilhelm Trübner angeht, so hatte ich das Gemälde im Jahre 2010 auf einer öffentlichen Versteigerung in München erworben und war somit damals gemäß § 935 Abs. 2 BGB Eigentümer geworden. Wer der Einlieferer war, wird, wie bereits gesagt, heute noch vom Auktionshaus verschwiegen; es dürfte aber der gleiche fränkische Privatsammler sein, der zuvor das Bild zu einer Heidelberger Auktion eingeliefert hatte. Dass das Bild mit großer Wahrscheinlichkeit ursprünglich aus der Nothmann-Sammlung stammte, wurde ebenfalls nicht deutlich. Auch abstrakt, d.h. ohne Namensnennung z.B. als Zwischenerwerber nach Wolfgang Gurlitt, ist nach außen nichts über den Einlieferer bekannt. Wir wissen nicht, wie sich die Kette der Veräußerungen zwischen der Sammlung Nothmann, der Sammlung Wolfgang Gurlitt bis zu mir für den „jungen Priester" im Einzelnen darstellt. Die Katalogangaben der Versteigerungshäuser sind insoweit allerdings ganz verschieden, bzw. sie haben sich in der jüngsten Zeit verändert. Die Provenienz ist heute wichtiger geworden. Ohne Übertreibung kann man feststellen, dass die Provenienz heute im Kunsthandel mit das wichtigste Gütemerkmal eines vor 1945 entstandenen Kunstwerkes ist, das öffentlich versteigert wird.

Natürlich stellt sich auch die Frage, welche Anforderungen an den guten Glauben eines Kunstsammlers zu stellen sind, der außerdem noch Kunstrechtler ist. Eine grobe Fahrlässigkeit gemäß § 932 Abs. 2 BGB dürfte mir aber wohl kaum zur Last gelegt werden können. Den Ketterer-Katalog habe ich erst 2018 erhalten. Die Probleme der Nothmann-Sammlung hatten zwar in der Schweiz für Aufregung gesorgt. In Deutschland waren sie aber bisher nicht oder nur kaum in die Öffentlichkeit gedrungen. Allerdings kann man jetzt einige faszinierende Details zum Schicksal von Berthold Nothmann dem Internet entnehmen. Auch die heutigen unmittelbaren Erben der Familien Nothmann lassen sich im Internet finden. Man mag aber auch festhalten, dass das so übliche Verschweigen der Provenienz durch die Auktionshäuser auch Vorteile für den Bieter mit sich brachte, dessen guter Glaube kaum in Zweifel gezogen werden konnte.

---

22 *A. v. Tuhr*, Zur Lehre von den abstrakten Schuldverträgen nach dem BGB, Festschrift zu August Sigmund Schultzes siebenzigstem Geburtstag, Leipzig 1903, S. 27 ff., 37 ff.

3. *Schenkung im Jahre 2018 an das Kurpfälzische Museum – zum zeitlichen Verständnis des § 40 KGSG*

Jetzt stellt sich allerdings die Frage, wie sich die Rechtslage bezüglich der Schenkung an das Museum darstellt, die im Jahre 2018 erfolgte. Es kann in diesem Zusammenhang darauf ankommen, wie man den Begriff „abhanden gekommen" im Sinne des § 40 Abs. 1 KGSG in zeitlicher Hinsicht auslegt. Es ist wohl kaum anzunehmen, dass § 40 KGSG alle irgendwann einmal abhanden gekommenen Kulturgüter mit dem Verdikt des Verbots belegen wollte. Vielmehr dürfte die zeitliche Anwendung der Vorschrift so zu verstehen sein, dass sie nur solche abhanden gekommenen Kulturgüter umfasst, die nicht bis zum 6.8.2016, dem Tag des Inkrafttretens des neuen Kulturgutschutzgesetzes, gutgläubig erworben wurden. Folgt man dem, so konnte ich als Eigentümer des Bildes das Eigentum auch im Jahre 2018 noch wirksam auf das Kurpfälzische Museum, in diesem Fall im Weg einer Übereignung gemäß § 929 BGB durch Einigung und Übergabe, übertragen.

4. *Washington Principles*

Allerdings stellt sich die Frage, ob und wie die Washington Principles diesen Erwerb durch das Museum eventuell in irgendeiner Weise beeinträchtigen könnten. Private Eigentümer werden durch diese Prinzipien nicht gebunden, es sei denn, es ergäbe sich insoweit eine Selbstbindung durch entsprechende Erklärung, an der es hier fehlt. Aber öffentlichen Museen unterliegen jenen Grundsätzen, wenigstens in Deutschland. Es ist also denkbar, dass die Nothmann-Erben Ansprüche geltend machen, sofern das Bild – wie wahrscheinlich – einst zur Sammlung Berthold Nothmann gehörte. Allerdings dürfte es hier weniger um die Herausgabe oder um eine Entschädigung in Geld gehen. Zu denken wäre vielmehr an die vielfach durch öffentliche Museen praktizierte Entschädigung durch Narration, d.h. eine Beschreibung der Provenienz und des Schicksals des jüdischen Sammlers, welche bei Ausstellungen auf einer Tafel neben dem Bild angebracht werden könnte.[23] Die öffentliche Angabe der Provenienz zeigt sich

23 Siehe zum Carracci-Fall allgemein *Heinz-Peter Mansel*, Ludovico Carracci auf dem US-Kunstmarkt: Provenienz, Zwangsverkauf und Rechtsmangel, in: Klaus Backhaus/Peter M. Lynen (Hrsg.), Wissenschaft und Kunst, Paderborn 2018, S. 207 ff.; *Matthias Weller*, Provenienz als Mangel: Ein Carracci in Köln (zu OLG Köln, Urt.

hier rechtlich von einer anderen Seite. Sie wäre Teil der Wiedergutmachung. Insgesamt aber bliebe der „junge Priester“ dauerhaft in Heidelberg, wie er sich das auch selbst gewünscht hatte.

III. Schlussbemerkung

Gestatten Sie mir noch eine Schlussbemerkung. Das gegenwärtige System des deutschen Kunstauktionswesens beruht auf dem Verschweigen der Provenienz des angebotenen Kunstwerks, vor allem der Person des Einlieferers. Bieter und Einlieferer kennen einander nicht. Der Bieter weiß ferner nicht, ob vielleicht das Auktionshaus eigene Bestände veräußern möchte. Einlieferer und Bieter schließen mit dem Auktionshaus getrennte Verträge. Zurückliegende Provenienzen werden manchmal angedeutet, aber manchmal auch ganz verschwiegen. Eine positive, vorbildliche Ausnahme bilden die Angaben im Ketterer-Katalog vom Mai dieses Jahres zu Trübners Selbstbildnis.[24]

Mit der neuen Bestimmung des § 40 KGSG ist aber eine Bresche in die Mauer des Schweigens geschlagen worden.[25] Ist nämlich das Werk abhandengekommen, so muss der Handel unterbleiben. Es drohen sonst strafrechtliche Konsequenzen. Umso wichtiger ist es, die neuen Bestimmungen dogmatisch zu erfassen und ihren räumlichen und zeitlichen Anwendungsbereich zu bestimmen: Abhandengekommen „irgendwann, irgendwo“? Ungeklärt sind auch die Auswirkungen im Internationalen Privatrecht oder im Internationalen Strafrecht. Es gibt also insoweit für die künftigen Kunstrechtstage noch einiges zu tun.

---

v. 8. Juli 2016 – 1 U 36/13), in Matthias Weller et al. (Hrsg.), Kulturgüterrecht – Reproduktionsfotografie – StreetPhotography, Tagungsband des Elften Heidelberger Kunstrechtstags am 20. und 21. Oktober 2017, S. 42 ff.; zur Frage einer narrativen“ Wiedergutmachung siehe *Erik Jayme*, Provenienz und Restitution: Ludovico Carracci in New York, Bulletin Kunst & Recht (Wien) 2017/2 – 2018/1, S. 5 ff., 8; ein gutes Beispiel für eine solche „narrative“ Wiedergutmachung ist das Bild „Blick auf das Kloster Scholastica bei Subiaco“ von Carl Blechen in der Karlsruher Kunsthalle, von dem erst vor kurzem bekannt wurde, dass es zur Sammlung Mosse gehörte. Es kam zu einer Einigung mit den Erben, deren Einzelheiten zusammen mit der ursprünglichen Provenienz auf einer Tafel neben dem Bild festgehalten werden.

24 Oben Note 6. Siehe zur fehlerhaften Herkunftszuordnung eines Kunstwerks aber auch OLG Frankfurt am Main, 3.5.2018, KUR 2018, 91.

25 Siehe hierzu überzeugend *Haimo Schack*, oben Note 21, S. 85 bzw. S. 119 f.: („Provenienzforschung versus Diskretion im Kunsthandel“).

Richard Wagner und die Malerei – Begegnungen

*Markus Kiesel**

I. Einleitung

Ein Text über Richard Wagner und die Malerei mag in juristischen Kreisen sonderlich seltsam erscheinen. Aber es gilt zweierlei zu bedenken: Die Kunst-und Kulturgeschichte ist vor allem im 19. Jahrhundert gattungsübergreifend hochgradig vernetzt; und die Motivation für eine Sammlung geht die seltsamsten Wege. Wert und Bewertung von Kunst mag hier nicht immer deckungsgleich mit einer objektiven Bedeutung sein. Aber man kann zwei Dinge festhalten: Die Bedeutung – oder hier besser: die Bewertung von Kunstwerken geht über Fachgrenzen der Kunstgeschichte hinaus, und Provenienzforschung hat noch andere Aspekte als diejenige von Besitznachweis, Rechnungsstellung, Kataloggeschichte und Werkverzeichnissen. Und ein dritter Aspekt ist hier vielleicht der wesentlichste: Musikgeschichte und Kunstwerke erlauben eine Kontextualisierung, die ein – vielleicht minder bedeutendes – Kunstwerk in Zusammenhänge bringt, die es ideengeschichtlich und damit auch merkantil aufwerten. Das Bild wird bedeutend, weil es in Verbindung mit Bedeutendem gebracht wird; bei den Wagner-Freunden heißt das dann: Werke, „auf denen die Augen des Meisters geruht"...

Ein Beispiel also einer Sammlung, die sich bemüht, Bilder im Umkreis Richard Wagners zu erwerben. Und hier muss man zunächst Biographisches und Geschäftliches unterscheiden.

II. Begegnungen

Wagner war in Künstlerkreisen aufgewachsen und kam damit früh in Berührung mit bildenden Künstlern, und zwar zunächst ganz unmittelbar.

---

* Dr. Markus Kiesel ist Musikwissenschaftler und Kulturmanager. Seit 2009 ist er Leiter des Forums „Bühnen- und Musikrecht" des IFKUR. Bis 2018 war er Mitglied des Fachbeirats des Richard Wagner Museums in Bayreuth.

Zunächst natürlich im eigenen Haushalt, mit seinem Stiefvater Ludwig Geyer. 1814 heiratete Geyer die Witwe von Friedrich Wagner, der nach der Leipziger Völkerschlacht an Typhus gestorben war. Es ist in der Wissenschaft auch heute noch umstritten, ob Geyer der leibliche Vater des drei Jahre zuvor geborenen Richard Wagner war. Diese Frage besaß insofern zeitweise einige Brisanz, als bei Geyer auf eine mögliche jüdische Abstammung spekuliert wurde. Seine Frau hatte sieben Kinder mit in die Ehe gebracht, und Geyer förderte deren musische Begabungen.

Geyer gehörte bis zu seinem Tod 1821 zum Ensemble des Dresdner Hoftheaters, schrieb Bühnentexte und trat unter Carl Maria von Weber sogar als Sänger auf. Ein Zeitgenosse bedauerte jedoch, dass Geyer nicht seiner ursprünglichen Profession, der Malerei, allein treu geblieben war:

> „Sein Beruf zur Malerei war der früheste und entschiedenste. Wäre es ihm vergönnt gewesen, seine ganze Kraft der Porträtmalerei allein widmen zu können, so würde man die Werke seines Pinsels, unabhängig von dem gern bezahlten Reize der Ähnlichkeit, auch als wahre Kunsterzeugnisse in den Galerien aufbewahren.“[1]

Er genoss als Portraitist in Dresden höchste Achtung; seine Werke hingen u.a. im Damentrakt der Dresdner Residenz.

Dann der Freund Ernst Benedikt Kietz aus den Pariser Jahren (1839–1841), von dem auch das erste Wagner-Portrait überhaupt stammt, und den Wagner sehr liebevoll beschreibt, als „einen ungemein treuherzigen, gutmütiger Naturmensch“, der mit seinem „leichten Talent für Porträtieren“ schon in Dresden Erfolg hatte. Die Studien der Malerei aber scheiterten an einer etwas neurotischen Manie des jungen Kietz:

> „Es fand sich nämlich, dass [...] besonders das Auswaschen der Pinsel seine Zeit so vollständig in Beschlag nahmen, dass er sehr selten zum eigentlichen Malen kam. Da es nun im tiefen Winter stets so früh Nacht wurde und er, wenn er mit Palette und Pinsel in Ordnung war, nun nichts mehr sehen konnte, so gelang es ihm nach meiner Erfahrung nie, auch nur ein einziges Porträt zu vollenden. [...] Endlich hatte er sich sogar über das ganz besondere Unglück zu beklagen, dass seine Kunden ihm unter dem Porträtieren wegstarben. Nur sein Hauswirt, dem er stets die Miete schuldig blieb, wusste es so anzufangen, dass

---

1 *Otto Bournot*, Ludwig Heinr. Chr. Geyer, der Stiefvater Richard Wagners. Leipzig 1913, S. 71.

> Kietz das Porträt gerade dieses schrecklichen Menschen fertigmachte; soviel ich weiß, ist dies das einzige von Kietz vollendete Porträt."[2]

Von 1831 bis 1838 studierte Ernst Benedikt Kietz an der Kunstakademie in Dresden und nahm an den Dresdner Akademie-Ausstellungen teil. Ab 1838 war er Schüler im Atelier von Paul Delaroche in Paris. Er nahm 1841 bis 1857 mehrmals am Pariser Salon teil.[3] Später war er u.a. Zeichenlehrer der Töchter Friedrichs VIII. von Schleswig-Holstein (darunter die spätere Kaiserin Auguste Viktoria).

III. Wagner und das Visuelle

Wagners berühmter Satz über seine Kunst als „ersichtlich gewordene Taten der Musik" stammt aus seinem Aufsatz *Über die Benennung Musikdrama*, in dem er versucht, seinem Werk- bzw. Gattungsbegriff auf die Spur zu kommen, wie immer in seinen theoretischen Schriften mehr als Selbstreflexion als an einen Leser gerichtet:

> „In dem vorliegenden Falle wüßte ich aber selbst mit dem besten Willen nicht, welchen Namen ich dem Kinde geben sollte, welches aus meinen Arbeiten einen guten Theil der Mitwelt ziemlich befremdet anlächelt. Manchem [...] vergeht [...] bei meinen Opern Hören und Sehen, während er bei einigen hört, bei anderen sieht; wie soll man nun ein solches unhör- und unsichtbares Ding nennen? Fast wäre ich geneigt gewesen, mich auf die Sichtbarkeit desselben einzig zu berufen, und somit an das ‚Schauspiel' mich zu halten, da ich meine Dramen gern als ersichtlich gewordene Thaten der Musik bezeichnet."[4]

Wagner spricht also von Hören und Sehen – für einen Komponisten befremdlich genug.

Das Spiel mit Technik und theatralischen Effekten: für Wagner sogar eine primäre Überlegung, jedenfalls macht dies ein Bericht aus den Erinnerungen von Gustav Freytag deutlich, der von einer Begegnung Wagners aus dem Jahre 1848 berichtet:

---

2 *Wagner, Richard*, Mein Leben, München 1915, Bd. I, S. 242 f.

3 Vgl. *Sanchez, Pierre und Seydoux, Xaver*, Les catalogues des salons. Bd. V. Dijon, 2001.

4 *Wagner, Richard*, Über die Benennung „Musikdrama", in: Schriften und Dichtungen, Bd. 9, S. 308.

> „Dieser [Wagner] erzählte bei einem Begegnen im Herbst 1848, dass ihn die Idee zu einer großen Oper beschäftige, die in der germanischen Götterwelt spielen solle. Der Inhalt aus der nordischen Heldensage stand ihm noch nicht fest, aber was ihn für die Idee begeisterte, war ein Chor der Walküren, die auf ihren Rossen durch die Luft reiten. Diese Wirkung schilderte er mit großem Feuer. ‚Warum wollen Sie denn die armen Mädchen an Stricke hängen? Sie werden Ihnen in der Angst falsch singen'. Aber das Schweben in der Luft und der Gesang aus der Höhe, die Freude an unerhörten Dekorationswirkungen sei für Wagner gerade das Lockende, was ihm die Stoffe aus dieser Götterwelt zuerst vertraulich machte. [...] Die Freude an unerhörten Decorationswirkungen ist mir immer als der Grundzug und das stille ‚Leitmotiv' seines Schaffens erschienen."[5]

Bei alledem geht es also nie um Text oder Musik, um Sprache und Gesang oder um Klang und Spiel, sondern um Visualisierung von Ideen.

Am 12. Mai 1871 teilte Wagner in seiner Geburtsstadt Leipzig der Öffentlichkeit mit, dass er in Bayreuth seine Tetralogie *Der Ring des Nibelungen* im Rahmen von Festvorstellungen in einem eigens dafür zu errichtenden Theater uraufführen werde. Schon am nächsten Tag versicherte er sich der Mitarbeit des Hoftheater-Maschinisten Carl Brandt in Darmstadt, des besten Theatertechnikers seiner Zeit, der zu seinem wichtigsten Partner nicht nur in allen Fragen der technischen Einrichtung des neuen Theaters wurde sondern auch den Architekten Bayreuths ins Spiel brachte. Wagner hoffte, mit und über Brandt auch „eine Anzahl geeigneter Maler zur Production von scenischen Bühnenbildern" zu finden.[6]

Denn Wagner war – auch nach eigener Einschätzung – nicht sehr gebildet in allen Fragen der Kunstgeschichte, sei es Architektur, Stilkunde oder eben auch Malerei. So schreibt Cosima noch am 16.11.1879 in ihr Tagebuch: „die Freunde beschreiben Paestum und vieles noch, worauf R. sich zu mir wendet: ‚Gott, wie ungebildet sind wir – die kennen schon alles, wir gar nicht'"[7]. Nur zweimal hat Wagner sich von Gemälden inspirieren lassen. 1843 bei einem Besuch in Aussig, heute Ústí nad Labem, wo ihn die Betrachtung eines Madonnenbildnisses emotional an die Doppelidentität seiner Elisabeth im *Tannhäuser* gemahnte, und 1861 in Venedig, wo ihn

---

5 *Freytag, Gustav*, Erinnerungen aus meinem Leben. Leipzig, 1887, S. 204 f.

6 Zur Geschichte der Bayreuther Festspiele und des Festspielhauses s. *Kiesel, Markus*, Das Richard-Wagner-Festspielhaus Bayreuth. Köln 2007.

7 *Wagner, Cosima*, Die Tagebücher. Ediert und kommentiert von Martin Gregor-Dellin und Dietrich Makc, München/Zürich 1976, Bd. III, S. 443.

im Zustand höchster Depressivität der Anblick der *Assunta* Tizians im Dogenpalast ein ungeheuerlicher Schaffensdrang überwältigte: „Ich beschloß die Ausführung der *Meistersinger*".[8] Nie in der Musikgeschichte hat ein einzelnes Bild solches bewirkt.

Die Suche nach einem geeigneten Bühnenbildner[9] gestaltete sich auch deswegen so schwierig, weil Wagner den Entwurf keinem der „routinierten Theaterdekorationsmaler" anvertrauen wollte, von denen „nichts, des deutschen Namens in einem edlen Sinne Würdiges zu erreichen" sei. Er dachte daran, von „wirklichen Künstlern" Skizzen entwerfen zu lassen, die dann „von den geschicktesten oder geübtesten Decorationsmalern" im Bühnenbild ausgeführt werden sollten, was sie „zur Veredelung ihrer Leistungen" anregen könnte.

Denn es ging bei dieser Aufgabe nicht um eine „bloss geschickte Bewährung in der gewöhnlichen Theater-Malerei", sondern vielmehr um „wahrhaft künstlerische Erfindungen in einem neuen Style". „Es muß in der Darstellung der realste Idealismus zur Geltung kommen, der nur möglich ist; denn durch die szenischen Mittel muß sich das ganze Drama glaubwürdig vor unseren Augen abspielen.

Er forderte von seinem Bühnenbildner, sich zunächst mit der Dichtung des *Ring* „soweit vertraut zu machen", dass es ihm „geläufig werden dürfte, die Haupt-Scenen desselben, sowohl, was das Local der jedesmaligen Handlung, also auch was die Gestaltung der dramatischen Figuren betrifft, in solchen Skizzen aufzuzeichnen, welche den auszumalenden Decorationsmalern u. Costumiers als Vorbild zur weiteren Ausarbeitung dienen könnte." Er verlangte also keine getrennten Entwürfe für die Bühnenbilder und die Kostüme, wie es gängige Praxis war – und ist! –, sondern charakteristische Gemälde mit Szenen aus der Handlung des Dramas. Man kann dabei von einem durchgehenden „story-board" sprechen. Das war eine vollkommen neue Verfahrensweise. Das Wagnersche Szenarium zeigt „dem ausführenden Künstler den klaren Weg zur Hervorbringung stil- und poesievoller, der dramatischen Situation entsprechender Dekorationen, wie die geschriebenen Noten den ausführenden Musiker anweisen, die Töne in die Wirklichkeit zu rufen." Wagner dachte also an dramaturgische Bühnenbilder von einem echten Künstler. Er wollte nicht lediglich schöne, sondern charakteristische, dramaturgisch gedachte und gestaltete

8 *Wagner, Richard,* Mein Leben, a.a.O., III. Bd., S. 294.

9 Vgl. *Bauer, Oswald Georg,* Josef Hoffmann – der Bühnenbildner der ersten Bayreuther Festspiele. München, 2008, S. 53 ff.

Bilder. Man versteht seine Verzweiflung über die „erbärmlichen theatralischen Reproduktionsmittel“ seiner Zeit.

IV. Wagner und die Maler seiner Zeit

Für die anstehenden Aufgaben suchte sich Wagner Rat auch bei Franz Seraph von Lenbach, mit dem er seit seiner Münchner Zeit bekannt war. Lenbach empfahl ihm einige seiner Malerkollegen. Alles spricht dafür, dass darunter auch sein Studienfreund Hans Makart gewesen ist. Graf Schack, Wagners früherer Nachbar in der Brienner Straße, hat 1866 erste Bilder von ihm gekauft. Makart war Anfang dreißig als Wagner einen Bühnenbildner suchte, und er war damals noch nicht jener hochberühmte Künstler, nach dem später ein ganzes Zeitalter benannt wurde.

Als sich Wagner und seine Frau Cosima Anfang Mai 1872 in Wien aufhielten, besichtigten sie auch das Atelier Makarts. Cosima wie Richard Wagner bestätigten ihm zwar „großes“ und „außerordentliches“ Talent und hielten ihn für einen „glänzenden“ Maler, bemängelten allerdings an seinen Bildern, dass „alles nach Bildeindrücken und nichts „nach dem Leben“ gemalt sei. Das fehlende „Leben“ aber hat Wagner gerade für die Bühnenbilder im Ring gefordert. Dieses negative Urteil mag den Ausschlag gegeben haben, Makart nicht mehr in Betracht zu ziehen. Später nennt Cosima Makarts „erstaunliches Atelier“ eine „sublime Rumpelkammer“.

Wagner schätzte dieses neue großstädtische Wien der Ringstraßenzeit überhaupt nicht. Die Aufführung vor allem am Burgtheater im Makart-Stil dieser Zeit fand er allesamt „entsetzlich“ mit „einem Gefühl von Übelkeit“. Für die neue Aufgabe war dieser Stil überhaupt nicht geeignet. Dennoch befindet sich heute noch im Besitz der Wagner-Familie jenes Makart-Gemälde, die *Nubierin*.

Als Alternative kam daraufhin, was wenig bekannt ist, Arnold Böcklin ins Spiel. Böcklin zählte ebenfalls zum Künstlerkreis um Lenbach und war mit ihm befreundet. Wagner hat zweifellos bei seinem Aufenthalt in München 1871 bei Lenbach Werke von Böcklin gesehen, darunter wohl auch das Gemälde einer urtümlichen Landschaft mit einem Drachen in seiner Höhle. Im Zusammenhang mit dem Ring-Problem soll Wagner ausgerufen haben: „Das ist was für Böcklin; der hat die richtige Phantasie dazu.“ Wobei man ihm unbedingt zustimmen muß, denn im Gegensatz zu Makart war Böcklin ein ausgewiesener Landschaftsmaler. Wagner war bei ihm also auf der richtige Spur. Er soll ihm auch ein Angebot gemacht haben, das Böcklin aber ablehnte. Auch ein neuerliches Angebot, 1880 die Dekorationen für den Parsifal zu machen, lehnte der Maler ab.

Böcklins Weigerung hatten einen ernsten künstlerischen Hintergrund. Die Theatermalerei hatte sich in der zweiten Hälfte des 19. Jahrhunderts von der zeitgenössischen Malerei abgekoppelt. Die Theaterateliers waren Fertigungsbetriebe mit der Struktur eines Industrieunternehmens geworden, die eine standardisierte Ware fertigten und auf dem wachsenden Theatermarkt anboten. Das war der eigentliche Grund, warum seriöse Maler es als Zumutung empfanden, für das Theater zu arbeiten, und deswegen fehlen große Namen von Bühnenbildnern in dieser Zeit völlig. Die Bühnenbildner der Zeit waren am Historismus geschult und fanden ihre vornehmste Aufgabe in der Darstellung der großen Bauwerke der verschiedenen historischen Stilepochen, wie sie die historische große Oper einforderte. Da hierzu Studien und detaillierte historische Kenntnisse nötig waren, brachte ihnen dies auch die Achtung der Gebildeten ein. Die Landschaftsmalerei auf der Bühne war dagegen wenig angesehen und wurde auch geringer bezahlt.

Eine weitere Alternative wäre Anselm Feuerbach gewesen, mit dem es nun aber gar keine künstlerische Übereinstimmung geben wollte. Feuerbachs Verhältnis zu Wagner war ähnlich gespalten wie das zu Makart. Das Werk seines Malerkollegen Makart charakterisiert er in zänkischer Eifersucht als das „diarrhöeartige Produzieren in einer asiatischen Trödelbude". Und in den späten sechziger und siebziger Jahren ist bei Feuerbach ein überschäumender Hass gegen Wagner festzustellen. 1868 nennt er ihn einen „abgeschmackten Esel". Feuerbach bezeichnet, von seinem Standpunkt des Traditionalisten aus, Wagners Kunst als „aus der Gruft geholte verstorbene Romantik, Pappendeckel und brünstige Unterröcke aus Scheißdreck und Vogelleim zusammengegipste Jammergestalten".[10] Er könne „über Pappdeckel und Schminke" nicht hinwegsehen und hasse den „Decorationsunfug" vom Grund seiner Seele.

Die Malerei ist für Wagner aber nicht nur Illustration von Schauplätzen, sondern sie verfügt über das Vermögen „des innigen Begreifens und Wiedergebens der Natur", ja sie ist die höchste Form der Bildenden Kunst, da sie befähigt, „die Natur ihrem Wesen nach innig zu erfassen". Die Malerei erhält ihre eigentliche Bestimmung, indem sie uns lehrt, „ die Bühne für das dramatische Kunstwerk der Zukunft zu errichten, in welchem sie selbst lebendig, den warmen Hintergrund für den lebendigen, nicht mehr

10 Vgl. *Kupper, Daniel,* Anselm Feuerbachs „Vermächtnis" – die originalen Aufzeichnungen Berlin, 1992, S. 198.

nachgebildeten Menschen darstellen wird." Dadurch wird das Bühnenbild, die „Scene" zum „Weltraum". Durch den Maler „wird die Scene zur vollen künstlerischen Wahrheit: seine Zeichnung, seine Farbe, seine warm belebende Anwendung des Lichts zwingen die Natur, der höchsten Absicht zu dienen." Dass Wagner hier Friedrich Schiller (in seiner Schrift „Vom Erhabenen") über die Schulter geschaut hat, ist offensichtlich. Für Schiller ist „jene Stetigkeit, mit der sich die Linien im Raum oder die Töne in der Zeit aneinander fügen, ein natürliches Symbol der inneren Übereinstimmung des Gemüts mit sich selbst und des sittlichen Zusammenhangs der Handlungen und Gefühle, und in der schönen Haltung eines pittoresken oder musikalischen Stücks malt sich die noch schönere einer sittlich gestimmten Seele. Der Tonsetzer und der Maler bewirken dies bloß durch die Form ihrer Darstellung und stimmen bloß das Gemüt zu einer gewissen Empfindungsart und zur Aufnahme gewisser Idee; aber einen Inhalt dazu zu finden, überlassen sie der Einbildungskraft des Zuhörers und Betrachters." Die Malerei als Ausdruck von Ideen, in der Idee die Erfahrung des Sittlichen.

Im *Ring* bringt Wagner seine Theorie des zeitlosen Mythos zur sinnlichen Anschauung im szenischen Bild, in der szenischen Aktion und in den handelnden Menschen. Wagner hat damit, neben der musikalischen auch eine szenische Partitur geschaffen. Die Kunst kann auch den „Begriff", also das Abstrakte, die Idee ins Bild fassen. Das „künstlerische" Ideal geht über die bloße Abbildung der Natur hinaus. Genau das erwartet er auch von dem Szeniker: Nicht die bloße Illustration, das heißt die Wiedergabe der Welt der Erscheinungen, sondern das Wesen und den Sinn dieser Erscheinungen, die nicht sichtbar sind, aber durch die Kunst sichtbar gemacht werden können.

Dass am Ende die Wahl auf den Landschaftsmaler Josef Hoffmann fiel, war also nahliegend. Zumal dieser ab 1869 für die neue Wiener Hofoper die Dekorationen zur *Zauberflöte*, dann die zum *Freischütz* und zu *Romeo und Julie* malte. Später malte er acht Zonenbilder im Palais Epstein in Wien (1870–1873), landschaftliche Wandgemälde im Schloss Hernstein, die vier Lebensfreuden im Kursalon des Wiener Stadtparkes, fünf Bilder aus dem alten Athen für Baron Sina, zwei Landschaften aus den Bildungsepochen der Erdoberfläche für das Naturhistorische Museum, zwei Wandgemälde für das Parlamentsgebäude in Wien und eben dann die Entwürfe zu den Dekorationen für die Eröffnung des Richard-Wagner-Festspielhauses 1876 in Bayreuth und einen Zyklus zum *Ring des Nibelungen* für König Ludwig II. von Bayern. Von den Dekorationen dieser Aufführung ist nichts erhalten, auch keine Bühnenbild-Modelle. Aber für König Ludwig II. von Bayern fertigte Hoffmann 15 Ölbilder an, von deren Existenz lange aber nur schwarzweiß-Fotos zeugten. Die 15 Gemälde in Öl galten nach Ludwigs Tod 1886 als verschollen, bis sie 1993 in Worms wiederentdeckt und publiziert wurden.

Über die Theatermalerei als Fertigungsbetriebe mit der Struktur eines Industrieunternehmens, die eine standardisierte Ware fertigten und auf dem wachsenden Theatermarkt anboten, wurde oben gesprochen. Der maßgebliche Betrieb europaweit war hier das Atelier der Gebrüder Brückner, Coburg.

Aus dem 1870 begründete Atelier – „Gebrüder Brückner – Atelier für szenische Bühnenbilder" – gingen über etwa 40 Jahre hinweg Bühnenbilder an fast alle namhaften Theater wie Darmstadt, Mannheim, Wiesbaden, Hamburg, Köln, Zürich, Petersburg und New York. Die Bühnenbilder der Gebrüder Brückner waren für ihre historisch treue Darstellung bekannt und erlangten über Jahrzehnte Weltruhm. Heute kann man einen großen Teil davon im Meininger Theatermuseum in Meiningen besichtigen.

Als weiteren Maler – und letzten in dieser kurzen biographisch/künstlerischen Skizze – muß man an dieser Stelle Paul von Joukowsky, den Schöpfer der Ausstattung der Uraufführung des *Parsifal* 1882, nennen. Der russische Maler machte 1880 die Bekanntschaft Wagners, freundete sich mit der Familie an und wurde sofort engagiert. Es gibt nahezu nichts von ihm. Umso größer die Überraschung, als ein Auktionshaus dieses Angebot aufrief:

> „Paul von Joukowsky (1854 Sachsenhausen - 1912 Weimar)
> In der Villa Rufolo
> Öl auf Leinwand (18)81 67x36cm. Datiert und ortsbezeichnet
> Provenienz: Privatbesitz (Schweiz)"

Der Schätzpreis war üppig, schien aber durch die Seltenheit der Werke Joukowskys und durch den Bildgegenstand gerechtfertigt. In der Beschreibung des Auktionshauses war nämlich zu lesen:

> „Als bildender Künstler ist Paul von Joukowsky zwar weitgehend unbekannt, doch ist er in die Musikgeschichte des 19. Jahrhunderts eingegangen. Er schuf die Kostüme und Bühnenbilder für die Uraufführung von Richard Wagners Bühnenweihfestspiel ‚Parsifal' am 26. Juli 1882 auf den 2. Bayreuther Festspielen. Seine Bühnenbilder entstammten der unmittelbaren Erfahrung der mediterranen Welt Italiens: Während der Gralstempel an den Dom von Siena erinnerte, war Klingsors Zauberschloss aus dem zweiten Akt von der fruchtbaren Pflanzenwelt Süditaliens beeinflusst.

Eine entscheidende Inspiration hatte Joukowsky kurz zuvor auf einer gemeinsamen Reise zu Beginn der 1880er Jahre empfangen, als er das Ehepaar Richard und Cosima Wagner auf einer Reise an die Amalfitiana begleitet hatte.
Joukowsky hatte Wagner im Januar 1880 in Neapel kennengelernt und war fortan ein gern gesehener Gast und Reisebegleiter. In Ravello besuchten sie auch die Villa Rufolo hoch über der Küste; den dortigen Garten mit seiner üppig blühenden Vegetation musste Joukowsky sofort zeichnen und Wagner notierte beim Abschied ins Gästebuch: ‚Klingsors Zaubergarten ist gefunden!'
Während dieses Aufenthalts ist auch das angebotene Gemälde mit der Ansicht eines Innenhofes der Villa Rufolo entstanden, das so untrennbar mit einem bedeutenden Kapitel der deutschen Musikgeschichte verbunden ist."

Bei näherer Beschäftigung und Betrachtung des Bildes fielen Unstimmigkeiten auf, zu denen das Auktionshaus um Auskunft gebeten wurde:

1. Der gemeinsame Besuch in Ravello datiert vom 28.05.1880. In den Tagbüchern Cosima Wagners heißt es hierzu:

> [Neapel, Mai 1880] „Dienstag, 25ten. Vorbereitungen, um 12 Uhr Abfahrt von der Villa d'Angri in einiger Aufregung, da wir befürchten, zu spät zu kommen. Salonwagen durch Freund Joukowsky's Vorsorge zu R.'s Freude bereitet, [...] - - Göttliche Fahrt bis Amalfi, [...].
> Mittwoch, 26ten. Heiteres Frühstück und Aufritt nach Ravello, über alle Beschreibung schön. In Ravellos Klingsor's Garten gefunden. [...] (R. schrieb in dem Buche in Ravello: Habe den 2ten Akt von Pars. gefunden.)

2. Das Bild ist aber eindeutig Juli 1881 datiert. Im Juli 1881 waren aber weder die Wagners noch Joukowsky in Italien. Auch dies kann man in den Tagebüchern Cosima Wagners nachlesen:

> [Bayreuth, Juli 1881] „Dienstag 5ten. [...] Am Nachmittag [...] kehrt unser Freund Jouk. zurück und wird von R. herzhaft schlecht empfangen.
> Freitag 8ten. [...] Es wir auch festgesetzt, daß Jouk. R.'s Portrait nun für ich macht. [...]
> Dienstag 12ten: [...]Abends die Freunde Glasenapp, Porges, Wolz., Jouk.; mit letzterem gerät R. in eine Art Auseinandersetzung: [...]
> Mittwoche 20ten. [...] Gestern hatte R. zu Joukowsky [...] geagt: „Das Unbegreifliche, hier wird's getan, das angenehme Weichliche zieht man gern an."

> Sonntag 24ten. [...] ein neues Blumemädchen von Jouk. reizt ihn zu Witzen, diese Bohnenblüte sei Klingsor's Küchenmädchen.
> Montag 25ten. [...] Um die Mittagszeit meldet Herr Brandt, daß wir die Zauberdekoration sehen sehen können. [...] wir machen uns auf zum Theater [...]Im Inneren alles schwarz [...] Die Kinder spielen mit [...] Jouk. „Hasch-Hasch". Die Sonne scheint, Kranich ruft, der Zaubergarten ist aufgestellt. [...]
> Donnerstag 28.ten. [...] Jouk. bringt ein Blumenmädchen; mir bangt ein wenig vor der Kostümfrage."

Das Bild ist also falsch datiert, oder es ist nicht von Joukowsky. Auf keinen Fall kann es ein Bild von Paul von Joukowsky aus Ravello vom Juli 1881 geben!

Natürlich könnte das Bild auch im „Juli 81" in Bayreuth gemalt worden sein, nach den in Ravello angefertigten Skizzen. Aber dann passt der Hinweis „Ravello" als Ortsbezeichnung nicht. Ort und Datum kommen einfach nicht zusammen.

Die Antwort des Auktionshauses – sinngemäß zusammengefaßt – lautete, dass sich herausgestellt habe, dass Ortsangabe und Datierung in keinem direkten Zusammenhang im dem Sinne stünden, das Gemälde sei im Juli 1881 in Ravello entstanden, sondern es handele sich einfach nur um die Lokalisierung der Örtlichkeit. Weiterhin könnte Joukowsky das Gemälde ja in Bayreuth auf Grundlage der Zeichnungen, die er in Ravello auf Wunsch Wagners angefertigt hat, gemalt haben; ebenso könnte das Gemälde im Sinne einer Skizze ein erster Bühnenentwurf, oder dazu vorgesehen gewesen oder auch nur eine bildliche Reminiszenz an den gemeinsamen Aufenthalt in Ravello sein. Das Bild habe immer als Joukowski gegolten.

Hierzu war zu sagen, dass die Bewertung des Aktionshauses ja auf den letzten Satz des Katalogtextes („Während dieses Aufenthalts ist auch das angebotene Gemälde mit der Ansicht eines Innenhofes der Villa Rufolo entstanden.") aufbaut. Ein kleiner Blick schon in die Chronologie der Ereignisse und auf die Datierung hätte allerdings genügt, um diese Behauptung nicht zu wagen. Diese falschen Zusammenhänge, dass das Werk ja „untrennbar mit einem bedeutenden Kapitel der deutschen Musikgeschichte verbunden" sei, bewerteten das Bild fachlich und eben auch merkantil (!) am Ende sehr hoch. Das Konstrukt einer zeitlichen Verbindung und eines inhaltlichen Zusammenhang führten den Bieter also in die Irre!

Auch kann das Gemälde im Sinne einer Skizze kein erster Bühnenentwurf oder dazu vorgesehen gewesen sein, denn die Bühnenbilder waren damals, Sommer 1881, schon durch das Atelier Brückner, Coburg, fertiggestellt; die Proben liefen bereits. Warum sollte Joukowsky Skizzen zu fertigen Dekorationen nachliefern? Außerdem widerspricht das (Hoch-)Format schon von vornherein einer Bühnenbildskizze. Das Bild hat übrigens auch keine Ähnlichkeit zu den tatsächlich ausgeführten Dekorationen dieser Szene.

Auch eine bildliche Reminiszenz an den gemeinsamen Aufenthalt in Ravello ist nahezu ausgeschlossen, denn Cosima Wagner erwähnt in ihren Tagebüchern jedes Bild, jede Skizze, die "Freund Jouk." bei den Wagners vorbeibrachte (Gralsritter, Blumenmädchen, das Wagner-Portrait, das berühmte Familienbild, ...), aber nie eine Skizze zum sog. „Zauberturm“ (1. Bild des 2. Akts des *Parsifal*).

Das Bild ist kaum ein Werk von Joukowsky und hat überhaupt nichts mit *Parsifal* zu tun. Auch haben alle im Museum Wahnfried vorhandenen Bilder Joukowskys eine andere Malweise. Weder Datum, biographische Umstände, Stilistik, Auftragslage, o.ä. weisen auf derartige Zusammenhänge hin.

Joukowsky selbst schreibt in der Rückschau:

> „Es war für mich keine leichte Aufgabe, die Wünsche Wagners zu verstehen, besonders da mir jede Kenntnis der szenischen Anforderungen fehlte. Ich beschränkte mich darauf, die Walddekoration des 1. Aktes, das Innere des Gralstempels, den Zaubergarten und die Blumenaue als Bilder zu malen, wonach die Dekorationsmaler sich richten konnten“[11]

Von einer Skizze zu dem auf dem erworbenen Gemälde dargestellten Gegenstand, dem Palazzo Rufolo in Ravello, ist also nicht die Rede.

Man musste die Fragen also anders stellen: Warum soll das Bild von Joukowsky sein? Nichts spricht dafür; vieles aber dagegen. Die umfängliche Katalogbeschreibung wies auf einen nicht-existenten Umstand hin, der den hohen Schätzpreis rechtfertigen sollte. Ein Zweifel an der Autorenschaft war daher nicht nur angebracht, – es gab keine solche.

Ein weiteres Argument musste nicht bemüht werden, ist aber in diesem Zusammenhang und hier von Interesse: Das Bayreuther Festspielunternehmen war Privatbesitz von Richard Wagner. Nach seinem Tod 1883 erbten seine Gattin Cosima und der gemeinsame Sohn Siegfried gemeinschaftlich das Vermögen wie das Unternehmen. Cosima war genau wie auch – nach ihrem und Siegfrieds Tod im Jahre 1930 – ihre Schwiegertochter Winifred Wagner bemüht, das Erbe akribisch zu bewahren und zu inventarisieren.

---

11 Zit. n. *Kern, Fabian*, Soeben gesehen. Bravo bravissimo. Berlin, 2010, S. 193.

Der künstlerische und private Nachlass Richard, Cosima und Siegfried Wagners wurde 1973 als Leihgabe an die Richard-Wagner-Stiftung-Bayreuth überführt. Der Bestand wurde mit der schon zeitgleich existenten Richard-Wagner-Gedenkstätte der Stadt Bayreuth zusammengeführt. Dort, im Nationalarchiv der Richard-Wagner-Stiftung, ist das Bild nicht bekannt, auch nicht als Verlust. Es war also nie im Nachlass der Wagners, was es – als Skizze zu *Parsifal* – hätte sein müssen, – es wäre ja Betriebsvermögen gewesen.

Ein Teil der Kunstwerke wurde 1973 aber auch an Abkömmlinge der Familie Wagner als persönliche Erinnerungstücke verteilt. So u.a. das berühmte Portrait Ludwigs II. von Bayern von Dürck; Franz v. Lehnbachs *Schopenhauer*; Hans Thomas *Cosima*-Portrait und vieles andere, insgesamt 66 Kuŋstwerke – die sog. „66er Liste".

Auch hier ist der angebliche Joukowsky nicht gelistet. Auch Nachfragen bei Nachkommen und Erben Wagners, vor allem mit Bezügen in die Schweiz, blieben negativ.

Der Fehler des Auktionshauses lag also vornehmlich darin, dass es die Zuschreibung durch nicht zutreffende Argumente stützte, und eben doch positiv etwas behauptet wurde, was einer Überprüfung nicht standhält, – alles doch nur, um den hohen Preis zu rechtfertigen, oder, um mit Wilhelm Busch zu sprechen:

> „Mit scharfem Blick nach Kennerweise
> Seh ich zunächst mal nach dem Preise,
> Und bei genauerer Betrachtung
> Steigt mit dem Preise auch die Achtung."[12]

---

12 *Busch, Wilhelm*, Maler Klecksel. In: Haffmanns, Gerd (Hrsg.), Wilhelm Busch, Die Gedichte, Frankfurt, 2004, S. 130.

Kunstrecht als Gegenstand der Kunst

Erik Jayme[*]

Unmittelbarer Anlass der folgenden Betrachtung über „Kunstrecht als Gegenstand der Kunst“ ist der kürzliche Erwerb einer Radierung von Max Klinger aus dem Jahre 1895.

Sie zeigt die Vorderseite einer Menükarte für das Bankett des XVII. Kongresses der „Association Littéraire et Artistique“ in Dresden, der am 24. September 1895 stattfand. Es handelt sich offenbar um einen Auflagendruck für die Kongressteilnehmer. Auf der Rückseite ist das umfängliche, begleitende Konzertprogramm aufgeführt; auf der Seite 2 ist das üppige Menü beschrieben. Die Musikstücke und die Speisen, vor allem die verschiedenen alkoholischen Getränke, entstammen jeweils verschiedenen europäischen Kulturen.

Dargestellt ist auf der Radierung folgende Szene[1]: In der Mitte befindet sich eine weibliche Figur, offenbar die Personifizierung der Gerechtigkeit, die ihre Waage in den Gürtel gesteckt hat. Sie hebt eine Art Plakat in die Höhe, das den Anlass des Banketts beschreibt. Darüber wird ein Blumenarrangement sichtbar. Dargestellt sind drei weitere Personen: Rechts ist der Künstler abgebildet. Hinter dem Rücken der Gerechtigkeit steht ein befrackter Zwischenhändler, der dem Künstler mit der linken Hand in die Tasche greift, ohne dass dieser es bemerkt, während ein vornehmer Herr am linken Bildrande ihm Geld in die rechte Hand drückt.

Es handelt sich, wie man dem Verzeichnis von Klingers Radierungen, Stichen und Steindrucken von Hans Wolfgang Singer entnehmen kann, um die „Satire vom Vermittler, der sich vom Sammler gut bezahlen lässt, was er, wie es hier heißt, aus der Tasche des Künstlers stiehlt“[2], also eine Allegorie auf gewisse Schwächen des Kunsthandels, der sich auf Kosten des Künstlers bereichert. Betroffen ist aber auch der Sammler, der gleichsam

---

* Prof. Dr. Dr. h.c. mult. Erik Jayme, LL.M. (Berkeley), Institut für ausländisches und internationales Privat- und Wirtschaftsrecht der Universität Heidelberg, IFKUR-Beirat, Mitglied der philosophisch-historischen Klasse der Heidelberger Akademie der Wissenschaften.

1 Siehe *Hans Wolfgang Singer*, Max Klingers Radierungen – Stiche und Steindrucke, New York 1978, S. 109.

2 Vorige Note.

blind erwirbt, was der Händler ihm gibt. Das Bild passt also auch zum Thema der „verschwiegenen Provenienz“. Solche Überlegungen, man denke etwa auch an die Leidensgeschichte von van Gogh, führten letztlich dazu, dass den Künstlern im Laufe der Entwicklung des Kunst- und Urheberrechts ein Folgerecht, d.h. eine gewisse Teilhabe an späteren Verkäufen ihrer Werke, zugesprochen wurde, das heute in § 26 UrhG verankert ist.

Max Klinger ist wegen seiner Vielseitigkeit eine erstaunliche Gestalt. Er prägte – zusammen mit Otto Greiner und Sascha Schneider – den sogenannten Leipziger Symbolismus. Er war Bildhauer, Maler und Graphiker zugleich. Die gezeigte Radierung öffnet ein weites Feld der Betrachtung. Es geht um eine Kritik des Kunstrechts aus der Sicht des Künstlers. Hinzu kommt aber allgemein auch die Satire als Stilmittel der bildenden Kunst, die Selbstreflexion der Künstler, die Kunstform der Karikatur. Man denke in diesem Zusammenhang etwa an Franz von Stuck und seine Bildparodien zeitgenössischer Pleinairbilder[3]. Die Salonkunst der Jahrhundertwende wehrt sich hier gegen den überwältigenden Erfolg des Impressionismus.

3 *Julie Kennedy*, Franz von Stuck und die Karikatur in der Allotria, Tettenweis 2006, S. 36 ff.

Abb. 1: Max Klinger, Radierung aus dem Jahre 1895, Sammlung Erik Jayme.

Abb. 2: Franz von Stuck, Die bekehrten Pleinairisten, um 1889, Bildzitat aus Julie Kennedy, Franz von Stuck und die Karikatur in der Allotria, S. 33 Nr. 34.

Dies führt wiederum zu einem interessanten kunstrechtlichen Problem, nämlich wie die Bild-Parodie, die sich auf andere Werke bezieht, kunstrechtlich und urheberrechtlich einzuordnen ist. Man denke an die Frage einer freien Benutzung im Sinne des § 24 UrhG. Der deutsche Gesetzgeber hat – anders als etwa Spanien[4] – die ihm durch Art. 5 Abs. 3 lit. k der Richtlinie 2001/29/EG gebotene Möglichkeit einer Schranke des Urheberrechts für die Nutzung zum Zwecke von Karikaturen, Parodien und Pastiches nicht genutzt. Man kann aber wohl § 24 UrhG in diesem Sinne einschränkend auslegen.[5]

Zurück zum Kunstrecht als Gegenstand der Kunst. Ein weiteres Beispiel stammt auch dem zweiten Jahrzehnt des 19. Jahrhunderts. Hier geht es um die Ikonographie der Restitution von Raubgut. Dem Bildhauer Antonio Canova war es im Oktober 1815 in Paris als Botschafter des Kirchenstaates gelungen, die Siegermächte über Napoleon dazu zu bewegen, die von den Franzosen geraubten Kunstwerke wieder zurückzugeben.[6] In diesen Zusammenhang gehört übrigens auch die Rückgabe von Teilen der Bibliotheca Palatina nach Heidelberg.[7] Vor allem kehrten aber die aus Rom stammenden Bilder und Statuen wieder in ihre Heimat, in ihre „patrie"[8], wie sich Canova Talleyrand gegenüber ausdrückte, zurück. Dieses Ereignis, das zugleich auf das Völkerrecht einwirkte, wurde in einem römischen Freskenzyklus verherrlicht, dessen Planung und Gestaltung auf Canova zurückgeht.[9] Diese Bildfolge befindet sich im Museo Chiaramonti im Staat der Vatikanstadt, das den Namen des Papstes Pius VII. Chiaramonti trägt. Wie Yvonne zu Dohna in ihrer grundlegenden Dissertation über „Canova und die Tradition" näher ausführt, folgt der Freskenzyklus einer eigenstän-

---

4 Siehe hierzu ausführlich *Tudor Vlah*, Parodie, Pastiche und Karikatur – eine rechtsvergleichende Untersuchung des deutschen und spanischen Urheberrechts, Frankfurt am Main 2015.

5 Siehe hierzu *Ferdinand Melichar/Malte Stieper*, in: Schricker/Loewenheim, Urheberrecht, Kommentar, 5. Aufl. 2017, vor §§ 44a ff., Rdnr. 21; ausführlich *Tudor Vlah*, vorige Note.

6 Siehe hierzu und zum Folgenden *Yvonne zu Dohna*, Canova und die Tradition, Frankfurt am Main 2006, S. 77 ff.; siehe auch *Erik Jayme*, Der Vertrag von Tolentino (1797) und seine Auswirkungen auf das internationale Recht des Kunstraubs, in: Weller/Kemle/Dreier (Hrsg.), Raub-Beute-Diebstahl, Baden-Baden 2013, S. 17 ff.

7 *Erik Jayme*, Antonio Canova als Künstler und Diplomat: Zur Rückkehr von Teilen der Bibliotheca Palatina nach Heidelberg in den Jahren 1815 und 1816, Heidelberg 1994.

8 *Erik Jayme*, Kunstwerk und Nation: Zuordnungsprobleme im internationalen Kulturgüterschutz, Heidelberg 1991, S. 20.

9 Siehe *Ulrich Hiesinger*, Canova and the Frescoes of the Galleria Chiaramonti, The Burlington Magazine 120 (1978), 655 ff.

digen Ikonographie des Kunstrechts.[10] Man kann etwa sehen, dass der Papst zwei Engeln ein Kunstschutzgesetz übergibt.

Abb. 3: Vincenzo Ferreri, Bildzitat aus Yvonne zu Dohna, Canova und die Tradition, S. 330.

Das Fresko von Vicenzo Ferreri trägt die Unterschrift:

> "Veteribus artium Monumentis servandis comparandisque data lex."

Der Papst erließ ein Gesetz, das den alten Kunstdenkmälern und ihrer Einrichtung dienen sollte. Es sollte von Engeln der Welt verkündet werden.

Ein umgekehrtes Problem sei noch kurz angesprochen, nämlich der Kunstrechtler als Künstler. Ich wähle als Beispiel Dominique-Vivant Denon, den von Napoleon eingesetzten Direktor des Louvre, der nach seinen Ideen eine Art Weltmuseum schuf[11], das die Raubkunst ausstellte, also insoweit den Gegenspieler von Antonio Canova. Hierzu verhalfen Denon

---

10 *Yvonne zu Dohna*, oben Fußnote 6, passim, insbesondere S. 330.

11 Siehe *Yvonne zu Dohna*, S. 102 ff.; umfassend zu diesem „Le plus beau Musée de l'Univers" siehe den Ausstellungskatalog des Louvre „Dominique-Vivant Denon –

nicht nur die aus Italien und anderen von Napoleon eroberten Gebieten geraubten Kunstwerke, sondern schließlich auch ein von ihm veranlasstes Dekret Napoleons vom 25.2.1811, das eine Schenkung römischer Kunstwerke an die Krone anordnete.[12] Vivant, und damit komme ich wieder zum Thema, war selbst nicht nur Reiseschriftsteller, sondern auch Künstler, wie eine kleine Radierung zeigt, die ich kürzlich in Dresden erwarb.[13] Sie zeigt einen italienischen Gebirgssee mit einem Schloss, das bisher noch nicht näher identifiziert werden konnte.

Abb. 4: Vivant Denon, Radierung: Italienischer Gebirgssee, 1788, Sammlung Erik Jayme.

L'oeil de Napoléon" (Paris – Musée du Louvre 10 octobre 1999 – 17 janvier 2000), S. 130 ff.; siehe auch die Briefwechsel deutscher Autoren, darunter J.-W. Goethe, mit und über Denon in: Bénédicte Savoy (Hrsg.), Remarques sur le vol et la restitution des oeuvres d'art et des livres précieux de Brunswick, 1806 – 1815, avec divers témoignages sur les saisies d'art opérées en Allemagne par Vivant Denon, La Vouivre 1998 (oder 1999, beide Erscheinungsdaten verschieden in dem Buch angegeben).

12 *Yvonne zu Dohna*, Vorige Note, S. 103.

13 Siehe Nachrichten aus der Kunstsammlung Erik Jayme Nr. 29 (November 2016), S. 12 f.

Gelangen wir noch zu einem letzten Beispiel solcher Vertauschungen, nämlich dem privaten Kunstsammler als Gesetzgeber des Kunstrechts, vor allem im Bereich des Kunsthandels. In diesen Zusammenhang gehört der italienische Minister, Senator und Kunstsammler Giovanni Pieraccini, der 1918 in Viareggio geboren wurde und die Kunst seiner Zeit sammelte mit einer gewissen Vorliebe für die abstrakte Richtung der Gruppe „Forma Uno", etwa für Piero Dorazio. Pieraccini schenkte große Teile seiner Sammlung seiner Heimatstadt Viareggio, wo er 2017 im Alter von 99 Jahren starb.[14] Geht man heute durch die Räume des Museo di Arte Moderna e Contemporanea in Viareggio, so wird man durch eine Art Stele überrascht, auf welcher der Stifter Pieraccini als Gesetzgeber des Kunstrechts gefeiert wird.[15] Als Politiker und Minister verfasste er nämlich den Entwurf des späteren Gesetzes vom 20.11.1971, n. 1062, dessen Ziel der Schutz des Kunstmarkts gegen Fälschungen und Verfälschungen war.[16] Diese Legge Pieraccini richtet sich vor allem gegen falsche Angaben im Kunsthandel und stellt diese unter Strafe, wobei die einzelnen Praktiken genau beschrieben sind. Hierzu gehören auch Erklärungen, Gutachten, Veröffentlichungen, die Anbringung von Stempeln oder Etiketten oder durch beliebige andere Mittel. Das Gesetz wurde später in Art. 178 des Codice dei beni culturali e del paesaggio übernommen, welcher durch das Decreto legislativo vom 22.1.2004, n. 42, in Kraft gesetzt wurde. Im Zusammenhang dieser Tagung ist von besonderer Bedeutung, dass in Art. 2 des Gesetzes Pieraccini angeordnet wird, dass der Kunsthändler gehalten ist, dem Erwerber eine Verkaufsurkunde und eine Fotografie mit rückseitiger Echtheitserklärung und der Angabe der Provenienz zu überlassen, also mit einer „dichiarazione di autenticità e indicazione della provenienza".

---

14 Siehe Catalogo Collezione Vera e Giovanni Pieraccini a cura di Antonella Serafini, Viareggio 2007. Ob Rolando Pieraccini, der wohl bedeutendste Sammler der italienischen Kunst des 20. Jahrhunderts, ein Verwandter von Giovanni Pieraccini ist, ließ sich bisher nicht feststellen. Rolando Pieraccini schenkte seine Sammlung dem Ateneum in Helsinki, siehe hierzu den Katalog „Maestri italiani del Novecento", Collezione Rolando e Siv Pieraccini, Helsinki 2012, zu Dorazio S. 120 ff.

15 Die enge Beziehung zur Geschichte seiner Heimat wird deutlich in: *Giovanni Pieraccini*, La costruzione della Versilia, in: Itinerari della memoria – La costruzione della Versilia, Pontedera 2000, S. 11 ff.; siehe auch *Giovanni Pieraccini*, in: Ausstellungskatalog „Lorenzo Viani", Roma, Viareggio erschienen in Mailand 1986 S. 11 f.

16 Siehe hierzu *Giovanni Pieraccini*, La politica e l'arte a cura di Maurizio degl'Innocenti, Manduria 2016, S. 229 ff.; siehe auch *Fabrizio Lemme*, Un testo fondamentale per la tutela della genuinità del prodotto artistico nel campo figurativo: La legge Pieraccini, in: Catalogo, oben Note 14, S. 105 ff.

Die Provenienz darf also nicht verschwiegen werden. Andernfalls ergeben sich strafrechtliche Folgen.[17]

Und so schließt sich der Kreis dieser Betrachtungen über das Verhältnis von Kunst und Kunstrecht zum Abschluss des Heidelberger Kunstrechtstages des Jahres 2018.

17 Zu dieser Entwicklung im deutschen Recht überzeugend *Haimo Schack*, Zivilrechtliche Auswirkungen des KGSG: Importverbote und Transparenzpflichten, in diesem Band S. 73 ff., 85 = KUR 2018, 112 ff., 117 f.

Neue Perspektiven für Schutz von Kulturgut aus kolonialem Kontext

*Gerte Reichelt**

Einleitung

Das Kunstrecht ist durch die aktuelle Diskussion zum Umgang mit Sammlungsgut aus kolonialem Kontext um eine wesentliche Facette reicher, d.h. komplexer, geworden. Der Kolonialismus und die Forderung zur Rückgabe von Kolonialgütern haben eine globale Dimension erhalten, die einen Paradigmenwechsel, zumindest aber neue Perspektiven des Kunstrechts erforderlich machen. Dies betrifft nicht nur die ethnologischen Museen, Völkerkunde und Weltmuseen, sondern alle Museumsgattungen und Sammlungen vor dem Hintergrund der weiten Auslegung des Kolonialismusbegriffs, auf den in der Folge noch eingegangen wird.

„Feuertod der Geschichte"

„Feuertod der Geschichte" war eine der Schlagzeilen in den Medien nach der Brandkatastrophe in Rio de Janeiro am Sonntagabend, den 2. September 2018: Das brasilianische Nationalmuseum, das größte natur- und völkerkundliche Museum Lateinamerikas mit 20 Millionen Artefakten, ging in Flammen auf.

Es ist dies nicht nur eine nationale Tragödie, sondern ein Verlust von Weltkulturerbe mit noch nicht absehbaren Folgen für den internationalen Kulturgüterschutz.

Auch die Repatriierungsdebatte wird durch diese kulturelle Tragödie nicht unbeeinflusst bleiben, indem Schutz und Pflege kolonialen Kultur-

---

* Univ.-Prof. Dr. Gerte Reichelt, ehemals Jean Monnet Professorin für Europarecht an der Universität Wien und Leiterin des Ludwig Boltzmann Institutes für Europarecht, Wien, Vorsitzende der Forschungsgesellschaft Kunst & Recht Wien sowie IFKUR-Beirätin. Die Vortragsform wurde beibehalten. Die Verfasserin dankt Frau Mag. Constanza Trofaier, LL.M., BA, für vielfältige Hilfe bei der Erstellung der Schriftfassung.

gutes und nicht die rein politische Dimension der Rückgabe in den Mittelpunkt rücken muss. Das heißt, dass es um einen neuen Umgang für Kolonialgüter geht, insbesondere um deren Pflege und Schutz.

Völkerkundemuseen entstanden im 19. Jahrhundert, um das wissenschaftliche Interesse an fremden Völkern, Ethnien und Kulturen vor dem Hintergrund des europäischen Kolonialismus zu wecken. Sie sind aber v.a. ein unverzichtbarer Bestandteil unserer Geschichte.

Mit dem Ende des Zweiten Weltkrieges und dem Ende der Kolonialherrschaften verloren die Völkerkundemuseen ihre Relevanz, so wurden sie nach und nach einer Neugestaltung, Umorientierung und Umbenennung unterzogen, um die überholten Strukturen neu zu beleben.

Österreich ist keine Kolonialmacht gewesen, weist aber dennoch eine beachtliche Kolonialgeschichte auf. Dies kann man im Wiener Weltmuseum, dem ehemaligen Völkerkundemuseum, das im November 2017 eröffnet wurde, eindrucksvoll nachvollziehen.

Im Leitfaden des Deutschen Museumsbundes zum Umgang mit Sammlungsgut aus kolonialen Kontexten vom Mai 2018 werden drei Kategorien unterschieden:[1]

1. Objekte aus formalen Kolonialherrschaften;
2. Objekte aus kolonialen Kontexten außerhalb formaler Kolonialherrschaften; und
3. Rezeptionsobjekte aus kolonialen Kontexten.

Auch Objekte aus Ländern, die selbst nie einer Kolonialherrschaft unterworfen waren, können somit einem kolonialen Kontext zugeordnet werden.

Die kulturelle Sensibilität ist aber vor allem im Objekt selbst begründet und in seiner Bedeutung für die Herkunftsgesellschaft, nicht nur in ihrem kolonialen Kontext.[2]

Ich möchte zunächst auf die österreichische Kolonialgeschichte eingehen und diese an Hand ausgewählter Objektbiografien behandeln (I.), um in der Folge neue Perspektiven im Umgang mit Kolonialgütern anzudenken (II.).

---

1 Deutscher Museumsbund e.V., Leitfaden zum Umgang mit Sammlungsgut aus kolonialen Kontexten, Berlin 2018, S. 14 ff.

2 AaO., S. 10.

I

Die umfangreiche Kolonialgeschichte Österreichs erklärt sich zunächst aus den zahlreichen wissenschaftlichen Exkursionen der Habsburger.

Mit Erzherzog Ferdinand Max von Österreich, dem späteren Kaiser Maximilian von Mexiko als Oberkommandant, kommt es zu einer der bedeutendsten wissenschaftlichen Reisen dieser Art zur Erkundung ferner Länder. 1857 sticht die österreichische Fregatte Novara in Triest in See. Die reiche Ausbeute an Ethnographica bleibt zum Teil in Miramare, dem Schloss bei Triest, das Erzherzog Ferdinand Max überwiegend für diese Sammlung erbauen ließ, zum Teil wurde sie nach Wien ins nachmalige Naturhistorische Museum, das 1876 gegründet wurde, gebracht.[3]

Eine der größten wissenschaftlichen Exkursionen der Habsburgermonarchie startete bereits 1816 von Triest aus nach Brasilien anlässlich der Hochzeit von Leopoldine Josepha Carolina, Tochter von Kaiser Franz I. von Österreich mit dem portugiesischen Kronprinz Dom Pedro. Da der Vater von Dom Pedro, Joao VI von Braganza, auf der Flucht vor Napoleon 1807 bereits den Hof von Lissabon nach Rio de Janeiro verlegt hatte, ging die Reise zur größten Freude von Leopoldine nach Brasilien, Freude deswegen, da ihr größtes Interesse den Naturwissenschaften galt.

Zur Vorbereitung dieser Expedition unter der Leitung von Johann Natterer[4] wurde von Staatskanzler Metternich sogar Alexander von Humboldt als Konsulent beauftragt, Pflanzen und Tiere zu erforschen, die von Brasilien nach Österreich verbracht werden sollten.

Leopoldine legte durch ihr naturwissenschaftliches Engagement nicht nur den Grundstein für das nachmalige Naturhistorische Museum in Wien, sondern gründete insbesondere mit ihrer Mineraliensammlung das brasilianische Nationalmuseum, das am 2. September 2018 nunmehr vollständig in Flammen unterging.[5]

Nicht minder ergiebig für die habsburgischen Sammlungen von Ethnologica war 1892 die Expedition von Franz Ferdinand von Österreich-Este. Diese Reise hatte nicht nur repräsentativen Charakter, sondern verfolgte

3 *Gabriele Weiss*, Prunkschild, in: *Christian Schicklgruber* (Hrsg.), Weltmuseum Wien, Wien 2017, S. 294 f.

4 *Sabine Haag/Steven Engelsmann*, Vorwort, in: *Christian Schicklgruber* (Hrsg.), Weltmuseum Wien, Wien 2017, S. 11.

5 *Claudia Augustat*, Die Österreichische Brasilien-Expedition, in: *Christian Schickl-gruber* (Hrsg.), Weltmuseum Wien, Wien 2017, S. 197; *Erik Jayme*, Erinnerungskultur im Kunstrecht – Konstanten in Zeiten des Umbruchs, Bulletin Kunst & Recht 2018/2–2019/1, S. 11 ff.

wissenschaftliche und handelspolitische Interessen und insbesondere den Erwerb von naturkundlichen Präparaten. Von Triest durch den Suezkanal in den indischen Ozean nach Ceylon, Indien, Kalkutta, Australien, Singapur, Neukaledonien bis zu den Salomonen. Dort entwickelte sich reger Handel. 14.000 Artefakte wurden erworben, die sich größtenteils im heutigen Weltmuseum befinden.[6]

Durch die zahlreichen habsburgischen Expeditionen entfaltete sich ein reger Handelsverkehr. Aber auch eine geschickte Ankaufspolitik der Habsburger für Exotika vermehrte ihre Sammlungen in großem Umfang ohne, dass sie selbst je Kolonialherren im eigentlichen Sinne gewesen waren. So ließ z.B. Kaiser Franz I. 1806 die Südsee-Sammlung des Erforschers des pazifischen Raums James Cook bei einer Auktion in London erwerben, oder die Sammlung von Johann Natterer aus Brasilien, der im Gefolge von Leopoldine 1817 nach Rio de Janeiro reiste, oder die Sammlung von Benin-Bronzen, die der böhmische Geschäftsmann Georg Haas Ende des 19. Jahrhunderts Kaiser Franz Josef zum Geschenk machte.[7]

Diese Sammelleidenschaft der Habsburger führte schon früh zur Errichtung von Kunst- und Wunderkammern, wobei der Ambraser Wunderkammer von Erzherzog Ferdinand II., Landesfürst von Tirol, eine ganz besondere Bedeutung zukommt.

Erzherzog Ferdinand II. (1529–1595), Sohn Kaiser Ferdinand I. und Anna von Böhmen, hochgebildet, kunstsinnig und humanistisch erzogen, war zunächst 20 Jahre Statthalter in Böhmen, wo er in der Prager Burg eine höfisch geprägte Repräsentationskultur entwickelte, bevor er 1547 Landesfürst von Tirol wurde.

Ferdinands Sammlungskonzept war bahnbrechend für die Entwicklung des Museumswesens.

Für seine damals schon weithin berühmte Kunstsammlung ließ er Schloss Ambras bei Innsbruck errichten, das einzigartige Renaissance-Ensemble: Park und Schloss, das bis heute am ursprünglichen Ort erhalten ist.

Schloss Ambras ist somit das älteste Museum der Welt und ein einzigartiges Kulturdenkmal der Renaissance.[8]

---

6 *Manfred Kaufmann*, Eine Reise um die Welt, in: *Christian Schicklgruber* (Hrsg.), Weltmuseum Wien, Wien 2017, S. 207.

7 *Sabine Haag/Steven Engelsmann*, Vorwort, in: *Christian Schicklgruber* (Hrsg.), Weltmuseum Wien, Wien 2017, S. 11.

8 *Sabine Haag*, Vorwort, in: *Sabine Haag* (Hrsg.)/*Veronika Sandbichler* (Hrsg.), Ferdinand II.: 450 Jahre Tiroler Landesfürst – Jubiläumsausstellung, Innsbruck/ Wien 2017, S. 7.

Ambras beherbergt immer noch den Großteil der Sammlung Erzherzog Ferdinands II., untersteht aber gemäß der österreichischen Bundeskompetenz dem Wiener Kunsthistorischen Museum.

Ich komme nun zu den drei Beispielen des neuen Umgangs mit Kolonialgüter im Wiener Weltmuseum:

1. *Der Quetzalfeder-Kopfschmuck*

Abb. 1: Quetzalfeder-Kopfschmuck um 1515, Inv. Nr. 10402, © Weltmuseum Wien, KHM-Museumsverband.

Er stammt aus der Wunderkammer von Erzherzog Ferdinand II. in Ambras und bildet heute das Prunkstück des Wiener Weltmuseum.[9]

An seiner Biografie kann man eindrucksvoll nachvollziehen, wie sich der Umgang mit Objekten aus kolonialem Kontext in den letzten Jahrzehnten gewandelt hat.

---

9 *Gerard van Bussel*, Des Erzherzogs neues Federwerk, in: *Christian Schickl-gruber* (Hrsg.), Weltmuseum Wien, Wien 2017, S. 43.

Wie kam der Quetzalfeder-Kopfschmuck nach Ambras und in der Folge nach Wien? Handelt es sich um ein Geschenk, um einen Kauf oder um Raub?

Zunächst ist auf die Frage einzugehen, ob es sich bei diesem so berühmten Objekt um einen Hut, eine Schürze, eine Standarte oder um einen Kopfschmuck handelt.

Der Federkopfschmuck fand 1596 im Ambraser Inventar seine erste belegte Erwähnung als „mörischer Hut", wobei mörisch als mexikanisch gedeutet wurde.[10]

Nach dieser ersten Erwähnung als „Mörischer Huet" folgte in späteren Inventaren die Eintragung als „indianischer Huet" und sodann 1788 als „indianische Schürze".[11]

Die letzte Deutung kam wahrscheinlich deswegen zustande, da der goldene Schnabel in der Zwischenzeit verloren gegangen war, wodurch die ursprüngliche Tragweise des Federschmucks nicht mehr ersichtlich war.

1855 wurde dann die ursprüngliche Deutung als Federschmuck wieder aufgenommen, bis in einer französischen Zeitschrift die Bezeichnung Mantel oder Gewand erwähnt wurde auf Grund einer Skizze von Theobald Maler, einem in Mexiko forschenden Architekten und Fotografen.

In der Folge wurde der Federschmuck 1880 im k. und k. naturhistorischen Museum Wien von Ferdinand von Hofstetter, dem Direktor des Museums als „mexikanische Prachtstandarte" inventarisiert, eine fächerartige Standarte, ein Banner, das die aztekischen Armeeführer am Rücken trugen.

Erst 1908 hat eine wissenschaftliche Kommission, ein Amerikanistenkongress, der in Wien tagte, die Deutung als Federschmuck bestätigt.

Eine Korrektur zum dreidimensionalen Federschmuck ist aber wegen der Zerbrechlichkeit des Objektes leider nicht mehr möglich.

Da somit eindeutig feststeht, dass es sich um einen Quetzal-Feder Kopfschmuck handelt, gilt es zu erörtern, wie der Federschmuck von Mexiko über Ambras nach Wien gelangte, und dann der Frage nachzugehen, ob es sich um ein Geschenk, einen Kauf oder um einen Raub handelt.

Die familiären Beziehungen und seine politische Funktion verschafften Erzherzog Ferdinand II. die Möglichkeit, seine Sammlung auf die verschiedenste Art zu erweitern. So war er insbesondere interessiert, die Kunst- und Wunderkammer vom Grafen Montfort-Rothenfels zu erwerben, da in

10 *Gerard van Bussel*, Der Quetzalfeder-Kopfschmuck, Wien 2017, S. 5.
11 AaO., S. 13.

einem Inventar dieser Wunderkammer „Allerlei mörsche rüstung und federzeug“ erwähnt war.

Erzherzog Ferdinand II. erwarb auch tatsächlich nach dem Tod Ulrichs von Montfort einen Teil dieser Wunderkammer, so ist es wahrscheinlich, dass auch der Federschmuck aus dieser Wunderkammer nach Ambras gelangte.[12]

Es ist bekannt, dass Erzherzog Ferdinand II. des Öfteren politische Ämter vergab, um seine Wunderkammer zu bereichern. So wurde z.B. auch Graf Montfort mit dem Amt des Landeshauptmann von Vorderösterreich ausgezeichnet.[13]

Im Dunkeln ist aber nach wie vor, wie der Federschmuck von Mexiko nach Europa kam: Als Geschenk, als Raubgut oder durch Kauf.

Mit Hofstetter, dem ersten Museumsdirektor, war man lange davon ausgegangen, dass es sich um ein Gastgeschenk in Vorbereitung der zukünftigen Besuche der Spanier in Mexiko handelte, das über Hernán Cortés an Kaiser Karl V. und in der Folge durch habsburgische Familiengeschichte nach Europa gelangte.[14]

Als der Federschmuck zur Krone des Montezuma hochstilisiert wurde, vermehrten sich seit 1970 die Forderungen auf Repatriierung.

In Erinnerung bleiben die indianischen Volkstanzgruppen, die quer durch Österreich marschierten und vor der Wiener Hofburg, vor dem Völkerkundemuseum, ihre Lager aufschlugen, um die Rückgabe der vermeintlichen Federkrone zu erzwingen.

200 Jahre war der Federschmuck in Ambras beheimatet, bevor er in den napoleonischen Zeiten aus Sicherheitsgründen, zusätzlich aber auch, weil Tirol an Bayern abgetreten worden war, nach Wien transferiert wurde.

Eine wissenschaftliche Zusammenarbeit von Österreich und Mexiko gewährleistete insbesondere in jüngster Vergangenheit Restaurierung, Schutz und Pflege dieses weltweit einzigartigen Kulturobjektes.

Somit wurde der Quetzalfeder-Kopfschmuck zum Symbol eines neuen Umganges mit Kolonialgütern und ein Musterbeispiel für deren spezielle Provenienzforschung.[15]

---

12 *Gerard van Bussel*. Der Quetzalfeder-Kopfschmuck, Wien 2017, S. 11.

13 AaO.

14 AaO., S. 19.

15 *Franz Pichorner*, Der altmexikanische Federkopfschmuck im Museum für Völkerkunde. Ein österreichisch-mexikanisches Forschungsprojekt, Bulletin Kunst & Recht 2/2012, S. 91 f.

2. *Benin Bronzen, die beiden Hofzwerge*

War der Federkopfschmuck ein Beispiel für den wissenschaftlichen Dialog mit dem Ursprungsstaat, so stehen die Benin Bronzen, die beiden Hofzwerge, als Beispiel für den blühenden Handel mit Ethnographica nach der Zerstörung des Königreichs Benin 1897 durch die sogenannte britische Strafexpedition.

Abb. 2: Figur eines Hofzwerges, 14./15. Jh., Inv. Nr. 64743, Inv. Nr. 64745, © Weltmuseum Wien, KHM-Museumsverband.

Das alte Königreich Benin in den Regenwäldern von Südnigeria ist das trefflichste Beispiel für den Prunk afrikanischer Höfe, für die imposante Machtfülle, und den Glanz sakralen Königskults. Könige von Benin beanspruchten das Monopol für den Handel, die Verarbeitung von Elfenbein und Bronze für sich und festigten ihre politische Stellung durch die ihnen zukommende Verehrung als gottähnliche Wesen. Zünfte und die darin organisierten Handwerker und Künstler standen in naher Verbindung zum Königshof. Die Hofzwerge spielten dabei eine wesentliche Rolle.[16]

Wie kam das Wiener k.u.k. Hofmuseum zu dieser bedeutenden Benin Sammlung, wie kamen die beiden Hofzwerge nach Wien?

Die beiden weltweit einzigartigen Figuren gehören zu den frühesten Kunstwerken aus dem westafrikanischen Königreich Benin. Sie erregten in der gesamten Kunstwelt größtes Interesse und Bewunderung.[17]

Hofzwerge, seit dem 15. Jahrhundert belegt, hatten wichtige Ämter inne wie das Sammeln von Nachrichten, sie dienten als Sprachrohr des Königs und bekleideten wichtige Ämter.

Dem Katalog des Weltmuseums ist zu entnehmen, dass sie wahrscheinlich im Februar 1897 nach der Eroberung der Hauptstadt des Königreichs von Benin und der folgenden Plünderung des Königspalastes durch britische Truppen nach London gelangten.

Belegt ist, dass sie 1899 über Hamburg nach Wien kamen und von Johannes Fürst von Liechtenstein im Rahmen einer Subskription für das k. u. k. Museum erworben wurden.[18]

---

16 Siehe *Armand Duchâteau*, Benin: Kunst einer Königskultur. Die Benin-Sammlung des Museums für Völkerkunde Wien, Paris/Wien 1989, S. 7.

17 AaO.: „Benvenuto Cellini hätte sie nicht besser gießen können".

18 *Nadja Haumberger*, Zwei Hofzwerge, in: *Christian Schicklgruber* (Hrsg.), Weltmuseum Wien, Wien 2017, S. 277.

3. Figurenpaar des Bari Volkes aus dem Südsudan

Abb. 3: Figurenpaar, 19. Jh., Inv. Nr. 14466 und 14467, © Weltmuseum Wien, KHM-Museumsverband.

„Rettungsaktion für südsudanesischen Kulturschatz in Wien“ war im April 2018 in den Medien zu lesen. Ein internationales Wissenschaftsteam arbeitet an der Digitalisierung von 2.000 Objekten aus Südsudan und an der Aufarbeitung des historischen Kontextes. Durch die diplomatischen Beziehungen zwischen der Habsburgermonarchie mit dem Osmanischen Reich, das im 19. Jahrhundert Ägypten und den Sudan kontrollierte, gelangten auch Österreicher in diese Region.

Feldmarschall Mehmed Ali Pascha wandte sich 1830 offiziell an Österreich-Ungarn, um Bergbauexperten für die Ausbeutung der Bodenschätze im Sudan zu gewinnen.

So errichtet Kaiser Franz Josef ein Konsulat in Karthum, in dem meist leidenschaftliche Sammler stationiert waren, wie z.B. Josef Natterer, der mit seiner Sammlung von 500 ethnographischen Objekten die Basis für die südsudan-Sammlung legte, die sich heute im Weltmuseum befindet.

Seit 2017 nimmt das Weltmuseum gemeinsam mit anderen Museen und Universitäten an der Erforschung und Sichtung der südsudanesischen Sammlungen unter der Ägide des britischen Ostafrika Instituts und des AHRC teil, mit dem Ziel dem Südsudan über sein reiches nationales Erbe zu einer nationalen Identität zu finden.[19]

Digitalisierung und Kontextualisierung ist die museologische Grundlagenarbeit der internationalen wissenschaftlichen Kooperation am Weg zu neuen Perspektiven im Umgang mit Kolonialgütern.

Nach diesen drei Beispielen aus der österreichischen Kolonialgeschichte, die den neuen Umgang mit Kolonialgütern bereits aus museologischer Sicht beleuchten, komme ich zum Teil 2 meiner Ausführungen.

II

Die Theorien des Kulturtransfers, der *histoire croisée*, der Verflechtungsgeschichte, des geteilten Kulturerbes, des *shared heritage* rücken „Hybridität und Integration“ in den Mittelpunkt der Idee von Kultur, so Bénédicte Savoy in ihrer Antrittsvorlesung am Collège de France 2017. Daraus folgt, dass nationale Identitäten von Kulturgut nicht als abgeschlossene Kategorien zu verstehen sind. Vor dem Hintergrund einer transnationalen Kulturgeschichte Europas, sind Museen und Sammlungen die anthropologischen

---

19 Siehe *Nadja Haumberger*, Kuratorin ad interim der Sammlungen Afrika südlich der Sahara im Weltmuseum Wien, in: *Doris Griesser*, Rettungsaktion für südsudanesischen Kulturschatz in Wien, Der Standard, 07.04.2018.

und politischen Akteure der Vergangenheit in unserer Zeit, sowie für die Zukunft, somit zukunftsorientierte Ideen, die der klassischen Kunstgeschichte nicht entgegenstehen, sondern sie ergänzen und bereichern.[20]

„Die Frage nach der Herkunft von Kunstwerken und Artefakten und ihre Präsentation in Museen ist höchst umstritten." Gefordert ist daher ein radikal neuer Ansatz, der „von den Objekten, ihrer individuellen Biografie und ihrem Weg ‚zu uns' ausgeht. ... *[dies kann]* Kulturen zusammenführen und zur Idee eines gemeinsamen Welterbes beitragen."[21]

Dieses politische Programm, das seit der vielzitierten Rede von Macron im November 2017 an der afrikanischen Universität in Ouagadougou Bewegung in die europäische Museologie gebracht hat, ist allerdings aus der Sicht des Kulturgüterschutzes mit manchen Kritikpunkten behaftet.

Die Restitutionsdebatte, um hier einen Exkurs zur kulturpolitischen Äußerung Macrons zu machen, alle in Frankreich befindlichen Kolonialgüter zu restituieren, ist keineswegs eine neue Frage.

Spätestens nach dem Ende der Kolonialherrschaften, nach dem Zweiten Weltkrieg, insbesondere aber seit den 1970er und 1980er Jahren kommt es zu verstärkten Forderungen auf Rückgabe von Kulturgut an die durch die Kolonialherrschaft betroffenen Länder.

Ich möchte hier nur kurz die *causes célèbres* erwähnen: Die Elgin Marbles, die von Athen nach wie vor vom britischen Museum zurückgefordert werden; die Nofretete, die Ägypten von Berlin zurückfordert; den Pergamonaltar, der im Berliner Archäologischen Museum das Prunkstück darstellt, dessen Rückgabe stets aufs Neue gefordert wird.

Die UNESCO hat seit ihrem Bestehen wesentlich zur Repatriierung beigetragen und Kriterien für die Rückgabe entwickelt, wie das Bestehen einer musealen Infrastruktur und die Gewährleistung von Schutz und Pflege der Objekte.

In der aktuellen Restitutionsdebatte sollte Schutz und Pflege für Artefakte im Mittelpunkt stehen. Diese Grundsätze gewinnen insbesondere nach dem brasilianischen Museumsbrand vermehrt an Bedeutung.

Eine generelle Lösung aus rechtlicher Sicht ist derzeit nicht gegeben. Die einschlägigen Konventionen UNESCO 1970 und UNIDROIT 1995 geben keine ausreichende Basis für die Rückgabe von Kolonialgütern, ob-

---

20 *Bénédicte Savoy*, Die Provenienz der Kultur: Von der Trauer des Verlusts zum universalen Menschheitserbe, aus dem Französischen von *Philippa Sissis* und *Hanns Zischler*, Berlin 2018, S. 19.

21 AaO.

wohl sich diese Forderung wie ein roter Faden durch die Kodifikationsgeschichte der beiden Konventionen zieht.

Résumé

So sind wir im Bereich der moralischen und kulturpolitischen Verantwortung, die bisher insbesondere von der UNESCO wahrgenommen wird.

Mit der völkerrechtlichen Theorie der territorialen Bindung,[22] die in den 70er und 80er Jahren des letzten Jahrhunderts vorherrschten, sind 20 Jahre nach den „Washington Principles“ die Repatriierungsfragen nicht mehr befriedigend zu beantworten.

Neue Perspektiven zeichnen sich mit unterschiedlicher Intensität bereits in der Museumspraxis ab:

1. Digitalisierung der Musemsbestände, um die nötige Transparenz herzustellen als Basis für den internationalen wissenschaftlichen Dialog und
2. Provenienzforschung sui generis, d.h. es geht bei Objekten aus kolonialem Kontext nicht nur um Objektbiografie, sondern auch um die historische Komponente, das völkerrechtliche Problem der Staatensukzession, um Aspekte der Religion, des Kults, der Tradition, der Spiritualität der indigenen Bevölkerung. Es geht um Akzeptanz des kolonialen Wertesystems, um den Wissenstransfer, die Einbindung und Beteiligung der Ursprungsländer bei der Provenienzforschung, somit steht oft gar nicht die Repatriierung im Vordergrund.

Alles in allem betreten wir Neuland für den Internationalen Kulturgüterschutz und befinden uns am Anfang einer neuen museologischen Ära.

Ich möchte mit Heilmeyer, mit seinem Beispiel des römischen Sarkophags aus Ostia, das den neuen Umgang mit der Behandlung von Antiken aus museologischer Sicht veranschaulicht und beispielhaft für den Umgang mit Kolonialgütern sein kann, schließen.[23]

---

22 *Ludwig Engstler-Barocco*, Die territoriale Bindung von Kulturgütern im Rahmen des Völkerrechts, Schriftenreihe Annales Universitatis Saraviensis, Heft 8, Köln 1964, S. 13 ff.

23 Siehe *Wolf-Dieter Heilmeyer*, Zwanzig Jahre Berliner Erklärung – Illegale Archäologie, Leihgaben, Zusammenarbeit, L. Boltzmann-Institut für Europarecht, Vorlesungen und Vorträge Heft 28, Wien 2008, S. 27 f.: „D.h. es geht um ein neues Verständnis der gesamten Museumsarbeit... Diese muss auf örtlicher, regionaler, nationaler und internationaler Verantwortung basieren und in einem Netzwerk ver-

Der vom Berliner Antikenmuseum 1982 erworbene Teil eines römischen Sarkophags wurde als Dauerleihgabe an das Museum in Ostia gegeben, da man den Verdacht des Raubgutes nicht enthärten konnte. In Ostia wurde er mit dem dort aufgefundenen Teilen desselben Sarkophags zusammengeführt und das Antikenmuseum in Berlin erhielt dafür Gegenleihgaben aus den Beständen des reichen Lokalmuseums in Ostia.

Was für archäologische Objekte durch die Berliner Erklärung[24], durch die Olympia Resolution[25] für die Kontextarchäologie erarbeitet wurde, könnte von den Weltmuseen sinngemäß für Kolonialgüter angewendet werden.

Darüber hinaus sollten neue rechtliche Sonderbestimmungen, wie sie UNESCO 1970 und insbesondere UNIDROIT 1995 für archäologische Objekte vorsehen, auch für Kolonialgüter angedacht werden.

Neue Perspektiven des Kulturgüterschutzes für Kolonialgüter können aber nicht nur dem Rechtsbereich zugeordnet werden.

Der Kolonialismus hat eine politische, eine geisteswissenschaftliche und eine rechtliche Dimension. Es bedarf eines interdisziplinären Dialoges, vor dem Hintergrund der „Washington Principles" und der Codes of Ethics, vor allem aber der museologischen Erfahrungen und Empfehlungen mit dem Ziel einer

Heidelberger Resolution für Schutz und Pflege
von Kulturgut aus kolonialem Kontext.

Den vier Aufgabenbereichen der Museumsarbeiten, dem Sammeln, Bewahren, Forschen und Vermitteln, kommt als fünfte Säule „Digitalisierung und Provenienzforschung" hinzu.[26]

---

trauensvollen Miteinanders vieler Museen eingebettet werden... Illegale Archäologie darf darin keinen Platz mehr finden."

24 Siehe *Wolf-Dieter Heilmeyer*, Zwanzig Jahre Berliner Erklärung – Illegale Archäologie, Leihgaben, Zusammenarbeit, L. Boltzmann-Institut für Europarecht, Vorlesungen und Vorträge Heft 28, Wien 2008.

25 *Wolf-Dieter Heilmeyer*, Olympia Resolution 2015 on international museum collaboration and protection of cultural heritage, Bulletin Kunst & Recht 2015/2, S. 65 f.

26 Siehe jüngst „Erste Eckpunkte zum Umgang mit Sammlungsgut aus kolonialen Kontexten der Staatsministerin des Bundes für Kultur und Medien, der Staatsministerin im Auswärtigen Amt für internationale Kulturpolitik, der Kulturministerinnen und Kulturminister der Länder und der kommunalen Spitzenverbände", 13.03.2019; siehe auch Deutscher Museumsbund e.V., Leitfaden zum Umgang mit Sammlungsgut aus kolonialen Kontexten, Berlin 2018, S. 77 ff.

Die unvollendete Geschichte von NS-Raubkunst: Zum 20. Jubiläum der *Washington Principles on Nazi-confiscated Art*

James Bindenagel[*]

I. Einleitung

Für die Durchsetzung von Menschenrechten und Gerechtigkeit gibt es keine zeitliche Begrenzung. Mein heutiger Vortrag behandelt die bis heute unvollendete Geschichte von Kunstwerken, die während des Holocaust von den Nationalsozialisten geraubt wurden, und von der Washingtoner Erklärung – den *Washington Principles* – die im Jahr 1998 von 44 Nationen unterzeichnet wurde. Diese Erklärung ist mittlerweile über 20 Jahre alt. Dennoch ist der Versuch, in der Frage der NS-Raubkunst Gerechtigkeit zu schaffen, bis heute nicht zu einem vollständigen Abschluss gekommen.

Auch nach der Aushandlung einer internationalen Erklärung auf der *Washington Conference on Holocaust-Era Assets* hat mich die Verpflichtung, mich für Gerechtigkeit in Holocaust-Fragen einzusetzen, in den letzten zwei Jahrzehnten weiter umgetrieben. Stuart Eizenstat, der ehemalige Vize-US-Finanzminister, der sich maßgeblich für die Washingtoner Erklärung eingesetzt hat und die Konferenz damals leitete, zitiert in seinem Buch „Imperfect Justice: Looted Assets, Slave Labor, and the Unfinished Business of World War II" mit Blick auf diese Aufgabe aus der *Pirkei Avot*: „Es ist nicht deine Pflicht, die Aufgabe abzuschließen, aber du bist auch nicht frei, dich von ihr zu befreien." William Penn schrieb im Jahr 1693, „To delay justice is an injustice."[1] In der Frage der NS-Raubkunst setzt sich das Unrecht auch 20 Jahre nach der Washingtoner Erklärung weiter fort, da die Rückgabe an die rechtmäßigen Besitzer selbst sieben Jahrzehnte nach ihrer gewaltsamen Entwendung nicht vollständig erfolgt ist.

Nach Jahren des Stillstandes waren erst durch die Beschlagnahmung von Egon Schieles Gemälde „Wally" in New York im Jahr 1997 in der Öffentlichkeit wieder Stimmen laut geworden, die erkennbare Bemühungen

---

* James D. Bindenagel ist Henry-Kissinger-Professor und Leiter des Center for International Security and Governance an der Rheinischen Friedrich-Wilhelms-Universität Bonn. Er war US-Sonderbotschafter für Holocaust Fragen von 1998 bis 2002.

1 *Penn, William*: Some Fruits of Solitude (1693), London: Headly 1905, S. 86.

in der Rückgabe von nationalsozialistischer Raubkunst forderten. Diese Bemühungen gipfelten schließlich im Jahr 1998 in der Washingtoner Konferenz. Zusammen mit ihrem Resultat, der Washingtoner Erklärung, kann die Konferenz als eine der größten kulturpolitischen Errungenschaften des 20. Jahrhunderts betrachtet werden. Sie sorgte dafür, dass das Thema des NS-Kunstraubs und der Plünderung von Kulturgütern insbesondere in Deutschland wieder auf der politischen Tagesordnung erschien und bildete die Grundlage für die Provenienzforschung in einem zeitgenössischen Kontext. So hat sich etwa das Deutsche Zentrum Kulturgutverluste das Streben nach gerechten und fairen Lösungen im Sinne der Washingtoner Erklärung zum erklärten Ziel gesetzt.[2] Die Provenienzforschung im Bereich des Kunst- und Kulturrechts hat gegenwärtig nichts von ihrer Aktualität und Relevanz verloren. Es ist wichtiger denn je, die Frage zu stellen, wie ihre wissenschaftlichen Ergebnisse einen Beitrag zur Aufarbeitung der nationalsozialistischen Verbrechen und der Gewährleistung rechtlicher Verpflichtungen leisten können.

II. Raubkunst im Fokus der Öffentlichkeit

Die Plünderung von Kunstwerken war ein integraler Bestandteil der nationalsozialistischen Kriegspläne. Raubkunst und die Geschichte von Kunstplünderungen ist in besonderem Maße emotional konnotiert, was den Umgang mit ihr besonders sensibel macht. Kunst unterscheidet sich in vierlei Hinsicht von anderen Vermögenswerten. Kunstwerke berühren Emotionen, Phantasien und Erinnerungen der Menschen. In diesem speziellen Fall bilden sie eine bis heute spürbare Verbindung zu den im Holocaust umgekommenen, vertriebenen oder entrechteten Menschen und dem von ihnen durchlebten Leid. Das Versäumnis, die ursprünglichen Besitzverhältnisse wieder herzustellen, stellt eine konstante Erinnerung dar, dass das Unrecht des Nationalsozialismus sich bis in die Gegenwart erstreckt und bis heute nicht getilgt ist. Aus diesem Grund arbeiten wir so hart daran, dass die von den Nationalsozialisten geraubten Kunstwerke den rechtmäßigen Eigentümern zurückgegeben werden.

In der Geschichte der Aufarbeitung von NS-Raubkunst in der jüngeren Vergangenheit spielen zwei Ereignisse eine Schlüsselrolle. Das erste bildet den Ausgangspunkt für die Washingtoner Konferenz: Das New Yorker

---

2 Erklärung der Aufgaben des Deutschen Zentrums Kulturgutverluste. Online unter: https://www.kulturgutverluste.de/Webs/DE/Stiftung/Aufgaben/Index.html.

Museum of Modern Art (MoMA) präsentierte im Jahr 1997 eine Ausstellung mit dem Titel „Egon Schiele: The Leopold Collection, Vienna", die unter anderem das Gemälde „Wally" beinhaltete. Als das Gemälde vom Bundesstaat New York beschlagnahmt wurde, sah sich die *Association of Art Museum Directors* dazu veranlasst, Richtlinien für die Verwaltung von Kunst mit unklarer Herkunft zu verfassen. Diese bildete damit einen ersten Schritt zur Washingtoner Erklärung und leitete den internationalen Prozess der Restitution ein.[3]

Das zweite Schlüsselereignis war der Fund der Gurlitt-Sammlung im Jahr 2013. In der Münchner Wohnung des zurückgezogen lebenden 80-jährigen Cornelius Gurlitt wurde eine Kollektion von rund 1.400 Kunstwerken gefunden, darunter Gemälde von Picasso, Chagall, Matisse und Beckmann. Gurlitts Vater, Hildebrand Gurlitt, war einer der wenigen von den Nationalsozialisten begünstigten Kunsthändler gewesen, die sich mit „entarteter Kunst" beschäftigen durften, und sammelte im Auftrag von Adolf Hitler und den Nationalsozialisten Kunstwerke.[4] Die Gurlitt-Sammlung eröffnete der Bundesrepublik Deutschland die Chance, der Welt ihren politischen Willen zur Herstellung von Gerechtigkeit durch die Rückgabe geplünderter Kunstwerke zu demonstrieren – denn noch immer waren nach Schätzungen der Bundesregierung tausende Kunstwerke nicht zu den Opfern des nationalsozialistischen Kunstraubs zurückgekehrt.

Im Nachgang des Krieges wurden zentrale Sammelstellen für aufgefundene Kunstwerke des nationalsozialistischen Kunstraubs wie etwa der *Munich Central Collection Point (CCP)* eingerichtet.[5] Im Jahr 1965 etablierte dann das deutsche Finanzamt einen Sachverständigenrat für museale Kunstwerke, um mehr als 580 Gemälde und 1.200 Grafiken in der Bundessammlung untersuchen zu lassen, die langfristig an 102 deutsche Museen verliehen wurden. Weitere Kunstobjekte befinden sich auf Leihbasis im Besitz verschiedener anderer staatlicher Stellen. All diese Bemühungen fallen im Vergleich zu den tausenden noch nicht zurückgegebenen Kunstwerken bis dato jedoch spärlich aus.

---

3 Vgl. Süddeutsche Zeitung: Die Geschichte der Raubkunst 1945-2014. Januar 1998: Schieles "Wally" wird beschlagnahmt. Online unter: https://gfx.sueddeutsche.de/apps/556424ff2ea46e521ce1a92a/mobile/#/25. Der Autor hat an der MoMA Konferenz teilgenommen.

4 Vgl. *Campfens, Evelien*: Fair and Just Solutions? Alternatives to Litigation in Nazi-Looted Art Disputes: Status Quo and New Developments. Utrecht: Eleven International Publishing, 2015. S. 87–88.

5 Die Datenbank des CCP ist einzusehen unter https://www.dhm.de/datenbank/ccp.

In einem Bericht kritisierte das Nachrichtenmagazin „Der Spiegel" die geringen Anstrengungen der deutschen Regierung seit 1945, die Herkunft von rund 2.000 noch im Besitz deutscher Museen und Agenturen befindlichen Kunstwerken zu untersuchen und an die rechtmäßigen Eigentümer zurückzugeben.[6] Die defizitäre Aufarbeitung des nationalsozialistischen Kunstraubs bedeutet bislang ein eklatantes Versäumnis innerhalb einer ansonsten weitgehend positiven Geschichte der Aufarbeitung und des Gedenkens an den Holocaust.

III. Egon Schieles „Wally"

Doch wie kam es nun dazu, dass die Frage von während des Holocaust geraubter Kunst kurz vor Ende des 20. Jahrhunderts nach so langen Jahren wieder an die Oberfläche gelangte und mit „Wally" die Grundfesten der Kunstwelt erschütterte?

Die Geschichte von „Wally" begann im Jahr 1912, als der österreichische Künstler Egon Schiele ein kleines Porträt seiner Geliebten Walburga („Wally") Neuzil malte. Nach der Annexion Österreichs durch Nazi-Deutschland im Jahr 1939 wurde das Gemälde von Friedrich Welz, einem Anhänger der Nationalsozialisten, aus der Sammlung der jüdischen Galeristin Lea Bondi-Jaray entwendet. Zum Ende des Zweiten Weltkriegs spürten amerikanische Truppen das Bild auf übergaben es an die österreichische Regierung, damit es in das Eigentum des rechtmäßigen Besitzers übergehen könnte. Die österreichische Regierung war nach den Grundsätzen der Alliierten dazu verpflichtet, die rechtmäßigen Besitzer von Nazi-Raubkunst zu identifizieren und die Kunstwerke zurückzugeben. Lea Bondi-Jaray wurde von der österreichischen Regierung jedoch nicht als rechtmäßige Besitzerin des Gemäldes identifiziert. Stattdessen erwarb ein privater Sammler das Porträt von „Wally": Nachdem Lea Bondi-Jaray im Jahr 1946 ihre Wiener Kunstgalerie wiedereröffnet hatte, traf sie im Jahr 1953 Rudolph Leopold, der Gemälde von Egon Schiele sammelte, und bat ihn um seine Hilfe bei der Wiedererlangung von „Wally". Leopold jedoch kaufte das Bild im Jahr 1954 selbst für seinen eigenen Besitz, woraufhin es für mehr als 40 Jahre in seiner Sammlung verblieb und damit in die ge-

6 Vgl. *Knöfel, Ulrike*: Balky Bavarians. US Congress Demands Action on Nazi Looted Art. In: Spiegel Online, 26. November 2015. Online unter: https://www.spiegel.de/international/germany/bavarian-museums-reluctant-to-return-nazi-looted-art-a-1064113.html.

meinsam mit dem Staat Österreich gegründeten *Leopold Museum Privatstiftung* einging.[7]

Fast sechzig Jahre nach seinem ursprünglichen Raub wurde das Gemälde im Jahr 1997 vom Wiener Leopold Museum dem New Yorker MoMA für eine Sonderausstellung zur Verfügung gestellt. Das Kunstwerk gelangte unter einer Bundeslizenz in die Vereinigten Staaten, bei der das MoMA für die Richtigkeit der Eigentumsverhältnisse bürgte. Willi Korte, ein Forscher des Holocaust Art Restitution Projects, informierte die Staatsanwaltschaft von Manhattan jedoch über den fragwürdigen Besitzanspruch des Leopold-Museums hinsichtlich „Wally". Auf Antrag von Bondi-Jarays Erben beschlagnahmte der New Yorker Staatsanwalt Robert Morgenthau das Gemälde schließlich als gestohlenes Eigentum und übergab es in die Verwahrung durch U.S.-Bundesbehörden, da der Verdacht bestand, dass Dr. Leopold den *National Stolen Property Act* verletzt habe, indem er im Zusammenhang mit der Einfuhr von „Wally" in die USA den Eigentümer des Gemäldes nicht korrekt angegeben habe.

In der Folge kamen ausgehend von der Beschlagnahmung von „Wally" internationale Verhandlungen zustande, die sich mit der rechtmäßigen Rückgabe für von den Nationalsozialisten geraubte Kunst beschäftigten. Auch in der Öffentlichkeit geriet die Materie zunehmend in den Fokus. Im September 2009 wurde Wally verbindlich als Nazi-Raubkunst identifiziert. Das *Museum of Jewish Heritage in New York* stellte das Gemälde vor seiner Rückkehr nach Österreich aus. Fast 13 Jahre nach Beginn des Streits um die Rückgabe wurde schließlich ein Vergleich mit den rechtmäßigen Eigentümern geschlossen und „Wally" durfte in das Leopold-Museum nach Wien zurückkehren. Die Erben von Lea Bondy-Jaray erhielten als Entschädigung 19 Millionen US-Dollar.[8] Seit 2010 hängt „Wally" nun wieder im Wiener Leopold-Museum.

IV. Von den Richtlinien der Association of Art Museum Directors (AAMD) zur Washingtoner Konferenz

Niemand konnte vorhersehen, dass die Leihgabe von „Wally" an das MoMA ein solches Aufsehen erregen und den internationalen Kampf um die

7 *Contel, Raphael, Soldan, Giulia and Chechi, Alessandro*, Case Portrait of Wally – United States and Estate of Lea Bondi and Leopold Museum. In Platform arThemis (2012), Art Law Center, University of Geneva.

8 *Simon, Anne-Catherine*, Bildnis "Wally": „Wir haben es sehr geliebt", Die Presse, 7. Juli 2010.

Rückgabe von Nazi-Raubkunst neu entfachen würde. Die Beschlagnahmung des Gemäldes durch Morgenthau löste einen Sturm der Unruhe in der Musuemswelt aus. In zahlreichen Museen und Kunstgalerien kamen Sorgen auf, dass eine Welle von Besitzansprüchen für geraubte Kunst aus der ganzen Welt bevorstehen und für leere Museen sorgen könnte. Dem entgegen stand der Wunsch der Überlebenden des Holocaust und ihrer Erben, ihre verlorenen Schätze zurückzuerlangen und das in der NS-Zeit begangene Unrecht endlich in einem weiteren Ausmaß zu korrigieren als bisher. Zumindest in den USA besteht darüber hinaus die Möglichkeit, dass sich zivile Rechtsstreitigkeiten außerdem zu strafrechtlichen Angelegenheiten hinsichtlich Diebstahlsvorwürfen auswachsen.

Die Geschichte von „Wally“ endete dementsprechend nicht mit ihrer Rückgabe und dem anschließenden Vergleich. Der Streit um das Gemälde hatte vielmehr einen immensen langfristigen Einfluss auf den internationalen Umgang mit Naziraubkunst. Nach der Beschlagnahmung von „Wally“ rief Glen Lowry, der Direktor des MoMA, ein Treffen der *Association of Art Museum Directors* (AAMD) ein. Die Konferenz der AAMD, an der neben Museumsdirektoren auch Wissenschaftler und andere prominente Personen teilnahmen, sollte die Auswirkungen der Beschlagnahmung „Wallys“ auf die internationale Kunstwelt ergründen. Auf der Suche nach einer Lösung für diese und ähnliche Fälle versprach der AAMD dem US-Kongressabgeordneten James Leach vom Bankausschuss, dass der AAMD Richtlinien für die Schlichtung von Streitigkeiten über Nazi-Raubkunst verfassen würde, womit weitere Rechtsstreitigkeiten vermieden werden könnten. Am Ende des Treffens beschlossen die Direktoren des AAMD Richtlinien für ihre Mitglieder zu verfassen, die erstmals in der Geschichte eine Überprüfung der Herkunft und Geschichte ihrer Sammlungen verlangten, wobei der Schwerpunkt auf der von Nationalsozialisten geraubten Kunst lag.

Unter den Teilnehmern der von Lowry organisierten Konferenz befand sich auch Craig Smythe, ein sogenannter „Monuments Man“, der am Ende des Zweiten Weltkriegs daran mitgearbeitet hatte, rund 600.000 gestohlene Kunstobjekte ausfindig zu machen, wovon etwa 100.000 immer noch vermisst wurden. Als amerikanischer Sonderbotschafter für Fragen zum Holocaust im State Department lud mich Glen Lowry als Repräsentant der US-Regierung ebenfalls zur vom MoMA organisierten Konferenz ein. Die Kontroverse veranlasste auch uns im U.S.-Außenministerium dazu, uns nochmals entschiedener mit der Frage nach Gerechtigkeit für die Opfer von Nazi-Deutschland zu befassen. Auf Basis dieser Entwicklungen berief Staatssekretär Stuart Eizenstat im November 1998 schließlich in gemeinsamer Organisation mit dem U.S. Holocaust Memorial Museum die Washingtoner Konferenz über Vermögenswerte aus der Nazi-Ära ein.

V. *Die Washingtoner Verhandlungen, internationale Widerstände und nationale Gesetzgebung*

Um im Vorfeld der Washingtoner Konferenz weitere Optionen auszuloten, versammelte ich am 9. Juni 1998 als zuständiger Mitarbeiter des U.S.-Außenministeriums eine weitere Gruppe von Anwälten, Kunsthistorikern, Vertretern der AAMD und amerikanischen Kunsthändlern. Meine Aufgabe war es, die Richtlinien des AAMD für eine Anwendung auf internationaler Ebene aufzubereiten und sie auf der Washingtoner Konferenz vorzulegen. In Vorbereitung der großen Washingtoner Konferenz Ende 1998 veranstaltete Stuart Eizenstat am 30. Juni 1998 ein Organisationstreffen in Form einer Mini-Konferenz. Earl „Rusty“ Powell, der Direktor der Nationalgalerie, Ron Lauder, der Vorsitzende des Vorstandes des MoMA, Michael Kurtz vom Nationalarchiv und andere drängten bei diesem Anlass nochmals darauf, Richtlinien zur Rückgabe geraubter Kunst zu verfassen und machten deutlich, dass hunderttausende von Kunstwerken für ihre rechtmäßigen Besitzer immer noch verloren waren.

In den Verhandlungen formierte sich damals erheblicher Widerstand aus Europa gegen die Idee der Rückgabe geraubter Kunst nach amerikanischen Richtlinien. In den Niederlanden, die Tausende von bisher nicht beanspruchten Kunstgegenständen besaßen, und in Frankreich mit seiner MNR-Sammlung wurde die an die Regierungen beider Länder zurückgegebene Nazi-Raubkunst nach dem Zweiten Weltkrieg treuhänderisch verwaltet.[9] Regierungen und Museen beider Staaten überlegten nun, ob sie dazu bereit wären, sich an internationalen Richtlinien zu beteiligen, um die Restitution all dieser Kunstgegenstände einzuleiten. In Großbritannien, Deutschland und anderen Ländern herrschte ebenfalls heftiger Widerstand gegenüber den von den USA auferlegten neuen Grundsätzen. Gesetze für Käufe nach Treu und Glauben und die Verjährungsfrist gehörten zu den Einwänden gegen eine gemeinsame Washingtoner Erklärung. Der

9 Siehe auch Musees Nationaux Recuperation ("MNR"), Auflistung von über 16.000 Objekten geraubter Kunst in französischen nationalen Museen. Online unter: http://www.culture.gouv.fr/documentation/rnnr/pres.html und Stichting Nederlands Kunstbezit, NK Collection, Auflistung von 4.217 Objekten in der Verwahrung des Netherlands Institute for Cultural Heritage, online unter: http://www.herkomstgezocht.nl/en/nk-collection.

Umgang mit Russland gestaltete sich als noch wesentlich schwieriger. Die Plünderungen der Roten Armee von öffentlichen, religiösen und privaten Kunstwerken aus Deutschland am Ende des Zweiten Weltkriegs galten als Kriegsbeute. Die Sowjetunion beziehungsweise Russland deklarierte all diese Besitztümer als Staatseigentum und behielt sie in ihrem Besitz – bis heute.[10]

Auch die Europäer lehnten zunächst jedoch jede Bestätigung der AAMD-Richtlinien ab; nichtsdestotrotz vorverfasste unser Verhandlungsteam die *Washington Principles on Nazi-confiscated Art* zur anschließenden Verhandlung und Genehmigung auf der im November stattfindenden Washingtoner Konferenz. Auf dieser Basis wurden in den Washingtoner Prinzipien einige Schüsselgrundsätze festgeschrieben, u.a. der Grundsatz, strittige Kunstwerke in öffentlichen Ausstellungen und öffentlichen Archivdatenbanken allgemein zugänglich und identifizierbar zu machen, damit die Anspruchsberechtigten ihre potentiellen Ansprüche geltend machen können. Der zentrale Punkt der Erklärung war jedoch die direkte Anweisung an nationale Regierungen, Prozesse für „gerechte und faire Lösungen" zu schaffen, die auf einem begründeten Antrag anstelle der bisherigen technischen Rechtswege basieren, welche den Kläger dafür bestrafen, dass über einen langen Zeitraum keine Besitzansprüche erhoben wurden. Ziel ist es, die Belastungen für die Geschädigten bei der Beweiserbringung für ihre Besitzansprüche vor dem Hintergrund des Holocaust und der anschließenden Bemühungen, geraubte Kunst zu verstecken und dadurch Forderungsansprüche zu unterdrücken, zu minimieren. Die Washingtoner Erklärung bietet den Überlebenden und ihren Familien somit einen Fahrplan zur Erlangung eines gewissen Maßes an Gerechtigkeit.

Das Besondere an der Washingtoner Konferenz war das Zustandekommen der Washingtoner Erklärung, die auf der Zusammenarbeit vieler verschiedener Parteien basierte. Amerikanische und europäische Museumsdirektoren befanden sich in einem ständigen Dialog und auch die Regierungen schlossen auf höchster Ebene Kompromisse, um einen Konsens zu erreichen. Stuart Eizenstat strebte nach einem Kompromiss der unterschiedlichen Rechtssysteme in den USA und Europa und verankerte diesen in der Präambel der Washingtoner Erklärung:

> „Bei der Schaffung eines Konsens über unverbindliche Richtlinien zur Unterstützung der Lösung von Fragen hinsichtlich nationalsozialisti-

10 Vgl. *Hofmann, Sarah*: Wie es heute um die Beutekunst von Hitler und Stalin steht. In: Deutsche Welle vom 17. November 2015. Online unter: https://www.dw.com/de/wie-es-heute-um-die-beutekunst-von-hitler-und-stalin-steht/a-18856140.

scher Raubkunst erkennt die Konferenz die unterschiedlichen Rechtssysteme der teilnehmenden Nationen an und dass die Länder im Kontext ihrer eigenen Gesetze handeln."[11]

Der US-Kongressabgeordnete James Leach aus Iowa setzte sich für die rechtliche Unterstützung der „Washington Principles" ein und schlug vor, Artikel XI der Richtlinien zu modifizieren und Folgendes aufzunehmen:

> „Die Nationen werden ermutigt, nationale Verfahren zur Umsetzung dieser Grundsätze zu entwickeln, insbesondere hinsichtlich alternativer Streitschlichtungsmechanismen zur Lösung von Eigentumsfragen."[12]

Artikel XI stellte die Weichen für nationale Gesetzgebungen, die die Kunstwelt verändern würden. Als erste Nation konnte Österreich zum Handeln bewegt werden und erließ ein Gesetz über die Rückgabe nationalsozialistisch beschlagnahmter Kunst. Die damalige österreichische Kulturministerin Elizabeth Gehrer, die sich empört über die Beschlagnahmung von Egon Schieles „Wally" gezeigt hatte, forderte das österreichische Parlament dazu auf, ein Gesetz zur Rückgabe von nationalsozialistischer Raubkunst zu verabschieden. Diesem Ansinnen kam das österreichische Parlament noch während der Washingtoner Konferenz am 30. November 1998 nach.

Mit der Erkenntnis, dass die Zivilgesellschaft dazu gezwungen ist, auch in Privatbesitz befindliche Kulturgüter zu schützen, kam die internationale Gemeinschaft also Ende des Jahres 1998 in Washington zusammen. Alle in der Kunstwelt involvierten Personen waren dazu aufgerufen, ihre Bemühungen um die Rückgabe nationalsozialistischer Raubkunst an ihre rechtmäßigen Eigentümer fortzuführen und sich für die Etablierung einer Nachkriegsgerechtigkeit einzusetzen. Die „Washington Principles on Nazi-confiscated Art" wurden schließlich vom Vorsitzenden der Konferenz und ehemaligem amerikanischen Bundesrichter und Kongressabgeordneten Abner Mikva in einer Konsensentscheidung verabschiedet. Die teilnehmenden 44 Länder verpflichteten sich zu einer organisierten, wenn auch unverbindlichen, globalen Zusammenarbeit, um im Zuge der Provenienz-

11 Washingtoner Konferenz über Vermögenswerte aus der Zeit des Holocaust: Grundsätze der Washingtoner Konferenz in Bezug auf Kunstwerke, die von den Nationalsozialisten beschlagnahmt wurden (Washington Principles), https://www.kulturgutverluste.de/Webs/DE/Stiftung/Grundlagen/Washingtoner-Prinzi-pien/Index.html.

12 Ibid.

forschung unentdeckte Raubkunst zu identifizieren, ihre Existenz öffentlich zu machen und gerechte und faire Lösungen für ungeklärte Eigentumsansprüche bereitzustellen – Prinzipien, die in der Washingtoner Erklärung für von den Nationalsozialisten geraubte Kunst verankert wurden. Da die an der Washingtoner Konferenz teilnehmenden Nationen den Weg zu einer Gesetzgebung in ihrem Ansinnen, einer rechtlichen Verantwortung nachzukommen, für ihr eigenes Land darlegten, blieb die Umsetzung von Artikel XI eine nationale Verpflichtung; das heißt, dass die Regierungen eine Rechtsgrundlage für die Forschung und die Streitbeilegung schaffen mussten.

Im Anschluss an die Washingtoner Konferenz entwickelte sich ein internationales Einvernehmen über den konsequenten und effizienten Umgang mit Besitzansprüchen in Hinblick auf Nazi-Raubkunst. Im Jahr 1999 forderte der *International Council of Museums* seine Mitglieder dazu auf, die Washingtoner Erklärung zu befolgen. Resolution 1205 des Europarats, die Erklärung des Vilnius-Forum aus dem Jahr 2000, die Anhörungen des Europäischen Parlaments aus dem Jahr 2003 und schließlich Resolution 408 des Europäischen Parlaments aus dem Jahr 2003 forderten Maßnahmen zur Erleichterung von Verfahren, die sich mit der Beilegung von Anspruchsforderungen für Raubkunst beschäftigten.

Die Washingtoner Erklärung und die Bemühungen anderer Konferenzen, die im Anschluss stattfanden, haben zu Richtlinien für die Rückgabe von Kunst an ihre rechtmäßigen Besitzer geführt. Die Washingtoner Erklärung hat, wie Philippe de Montebello, der Direktor des Metropolitan Museum of Art und Vorsitzende der AAMD Task Force für die Enteignung von Kunstwerken, bemerkte, „die Kunstwelt für immer verändert." Und wie bei jeder großen Veränderung spielten auch hier gewisse, diese Entwicklung begleitende Ängste eine Rolle. Angesichts drohender gerichtlicher Beschlagnahmungen von Kunstwerken bei Kunstaustauschprogrammen von Museen, strebten viele Museen eine Immunität gegen Beschlagnahmungen während des Ausleihens von Kunstwerken aus anderen Ländern an. Die Grundsätze der Washingtoner Erklärung wurden ein Teil der Tätigkeiten des U.S.-Außenministeriums bei der Beratung des U.S.-Justizministeriums, ob das „nationale Interesse" die Gewährung eines Antrags auf Immunität gegen eine Beschlagnahmung rechtfertigt. Eine solche Immunität erhält diesen wichtigen kulturellen Austausch.

Die American Association of Museums (AAM), eine Vereinigung mit über 3.000 Institutionen, hat im Zuge der Aufarbeitung von Naziraubkunst ein Internetportal zur Provenienzforschung geschaffen. Die Datenbank enthält über 28.000 Objekte aus 165 Museen. Ziel ist es, „ein durchsuchbares Register für Kunstsammlungen von Objekten aus US-Museen bereitzustellen, die während der Nazi-Zeit (1933-1945) in Europa den Besitzer gewechselt haben". Anmeldung und Nutzung der Datenbank sind kostenlos und die Nutzer können sich benachrichtigen lassen, sobald neue Objekte zur Datenbank hinzugefügt worden sind. Die AAMD hat Verzeichnisse herausgegeben und diese Informationen für die Öffentlichkeit zugänglich gemacht.[13] Auch die *Smithsonian's Freer Gallery of Art* und die *Arthur M. Sackler Gallery* haben Internetauftritte eingerichtet, auf denen die Öffentlichkeit Zugriff auf Provenienzforschungsprojekte dieser Galerien hinsichtlich geraubter Kunst aus dem Zweiten Weltkrieg hat.

Fachleute und Experten auf diesem Gebiet sind weiterhin bestrebt, Informationen auszutauschen, die zur Identifikation und Lösung von Schadensfällen beitragen könnten. So wurden in Deutschland im Jahr 1999 in einer gemeinsamen Erklärung von Bund, Ländern und Kommunalverbänden die Grundsätze der Washingtoner Erklärung umgesetzt, nach denen nationalsozialistisch beschlagnahmte Kunst, insbesondere das Eigentum von Holocaust-Opfern, ausfindig gemacht und zurückgegeben werden soll. Die Bundesregierung hat eine eigene Datenbank für verlorene Kunstwerke eingerichtet (www.lostart.de) und ihre Definition für Raubkunst erweitert, nach welcher nicht mehr verpflichtend der Nachweis von Zwangsverkäufen erbracht werden muss.[14] Am 11. und 12. Dezember 2008 wurde das Thema der Nazi-Raubkunst erneut auf der Konferenz „Verantwortung wahrnehmen. NS-Raubkunst – Eine Herausforderung an Museen, Bibliotheken und Archive" in Berlin behandelt. Die Stiftung Preußischer Kulturbesitz und die Koordinierungsstelle für Kulturgutverluste veranstalteten anlässlich des zehnjährigen Bestehens der Washingtoner Erklärung ein internationales Symposium, bei dem die Referenten die vergangenen Entwicklungen Revue passieren ließen, neue Perspektiven untersuchten und über grundlegende Fragen der Rückgabe von Kunstgegenständen, der Provenienzforschung und möglichen „gerechten und fairen Lösungen" diskutierten. Bei einer Podiumsdiskussion kamen Vertreter von Kulturinstitutionen, aus dem rechtswissenschaftlichen Bereich und von Interessengruppen zusammen und die gastgebenden Organisationen sorgten für den Abschluss des Symposiums.

In Paris fand im Jahr 2008 vom 14.-15. September ebenfalls eine Konferenz mit dem Thema „Plünderung, Restitution, Entschädigung und Provenienzforschung: Das Schicksal von nach dem Zweiten Weltkrieg entdeck-

---

13 Die Datenbank ist unter http://www.nepip.org/erreichbar.

14 Deutsches Zentrum Kulturgutverluste: Lost Art-Datenbank. Online unter: http://www.lostart.de/Webs/DE/Datenbank/Index.html.

ten Kunstwerken“ statt. Die Konferenz wurde von der Direktion der französischen Museen und dem Museum für Kunst und Geschichte des Judentums ausgerichtet. Konzipiert wurde sie von Isabelle de Masne de Chermont als Vertreterin der Direktion der französischen Museen, zusammen mit Jean-Pierre Bady, Mitglied der CIVS und Vorsitzendem der französischen Kommission für die Überprüfung von Kunstwerken, sowie Laurence Sigal, Direktorin des Museums für Kunst und Geschichte des Judentums in Paris.

Darüber hinaus hat das gestiegene Bewusstsein für Angelegenheiten der Raubkunst in Verbindung mit einem verstärkten Engagement vieler Institutionen dazu beigetragen, die Klärung einiger Streitigkeiten um geraubte Kunstwerke voranzutreiben. Während die Washingtoner Erklärung die Betrachtungsweise des Kunstbesitzes verändert hat, haben sie Forschern wie Willi Korte und Anwälten wie Thomas Kline dabei geholfen, Werkzeuge wie das *Art Loss Register* zur Identifikation nutzen zu können, um verlorene Kunst zu entdecken und geplünderte Kunst für ihre rechtmäßigen Besitzer zu ausfindig zu machen. Auf diesem Wege wurde die Wiedererlangung gestohlener Kunst ermöglicht, die für einen Großteil der zweiten Hälfte des vergangenen Jahrhunderts außer Reichweite war.

Ein Teil der Vergleichsvereinbarung im Rahmen der Streitbeilegung des Gemäldes von „Wally“ sieht vor, dass auf die Geschichte der Plünderung des Kunstwerks während des Holocaust bei jeder Ausstellung hingewiesen wird. Tom Freudenheim, ehemals angestellt bei der Smithsonian Institution, bemerkte, dass die Vergleichsvereinbarung von „Wally“ das Gemälde in einem alternativen, extra-künstlerischen Universum der Wahrnehmung platziere. Die Beschilderung des Gemäldes zeige die „wahre Herkunft des Gemäldes, einschließlich Lea Bondi-Jarays vorherigem Besitz und dessen Diebstahl durch einen Kunstagenten der Nationalsozialisten.

VI. Unerfüllte Versprechen

Wie deutlich geworden ist, endet die Geschichte über die Rückgabe von Naziraubkunst nicht mit der Vergleichsvereinbarung von „Wally”. Bis heute haben es die Regierungen nicht geschafft, einen gemeinsamen rechtlichen Rahmen für die Rückgabe von Kunstwerken mit einem umstrittenen Besitz zu entwickeln. Auch die Forschung konnte noch nicht alle von den Nazis während des Zweiten Weltkriegs geplünderte Kunstwerke aufspüren. Während es einige Fortschritte bei der Funktionsweise des Kunstmarktes gegeben hat und einige wichtige Kunstwerke an ihre rechtmäßigen Eigentümer zurückgegeben wurden, so gab es auch Bereiche, in denen nur ein sehr geringer oder gar kein Fortschritt erzielt werden konnte. Die in der Washingtoner Erklärung geforderten Verbesserungen zum Umgang mit Kunstwerken, die in den Jahren 1933 bis 1945 verschwunden waren, halten einem Vergleich mit der Realität leider nicht stand.

Resolution 1205 des Europarates aus dem Jahr 1999 und die Resolution des Europäischen Parlaments aus dem Jahr 2003 forderten Maßnahmen zur einfacheren Lösung von Besitzansprüchen und riefen zur Schaffung von Maßnahmen auf, die die Rückgabe von Kunstwerken an ihre rechtmäßigen Eigentümer erleichtert. Es ist an der Zeit, dass Europa die Resolution des Europäischen Parlaments aus dem Jahr 2003 an- und konkrete Schritte unternimmt, um gemeinsame Grundsätze hinsichtlich Raubkunst, Kultur und beweglichem Eigentum zu entwickeln und umzusetzen. Diese Grundsätze könnten es wahrscheinlicher machen, dass Besitzansprüche als gerechter verstanden und effizienter gelöst werden können. Regierungen haben hunderte von Kunstwerken an ihre rechtmäßigen Besitzer zurückgegeben. Mehrere Länder, angeführt von Österreich, den Niederlanden und Großbritannien, haben die Leitlinien der Washingtoner Erklärung in ihre nationale Gesetzgebung übernommen. Bei der Umsetzung dieser Prinzipien sind jedoch signifikante Lücken aufgetreten, die von technischen Abwehrmaßnahmen zur Verhinderung von Restitution bis hin zu unzureichendem Archivzugang und fehlender Provenienzforschung der meisten Länder und ihrer Museen reichen.

Es ist an der Zeit, dass alle Länder ihren Verpflichtungen aus dem Zweiten Weltkrieg nachkommen und die von den Nationalsozialisten geraubte Kunst in Anlehnung an die Washingtoner Erklärung an ihre rechtmäßigen Besitzer zurückgeben. Verspätete Gerechtigkeit bedeutet auch, dass den Menschen, die ihre von den Nazis gestohlenen Kunstwerke noch nicht zurückerhalten haben, Gerechtigkeit verwehrt wird. Noch immer werden zu viele Kunstwerke in Museen in Europa und der ganzen Welt treuhänderisch verwaltet. Die wenigen positiven Beispiele spektakulärer Rückgaben von Kunstwerken sollten uns nicht zu der Annahme verleiten, dass es systematische Bemühungen um die Rückgabe von Nazi-Raubkunst durch öffentliche und private Museen und Sammlungen auf der ganzen Welt gegeben hat. Es sollte gesagt werden, dass die Washingtoner Erklärung sowohl für öffentliche als auch private Museen und private Sammlungen gelten sollte.

VII. Fazit

Historisch gesehen war es der deutsche Staat, der unter dem nationalsozialistischen Regime die Rechte und die Würde verfolgter Gruppen verletzt hat – eine Tatsache, die allgemein unstrittig ist. Daraus folgt, dass auch der deutsche Staat die Verantwortung für gerechte und faire Lösungen hinsichtlich von den Nationalsozialisten beschlagnahmter Kunst trägt. Diese Verantwortung steht im Einklang mit dem deutschen Grundgesetz, das die gleichen Richtlinien wie das Völkerrecht in Bezug auf die Plünderung und den Zwangsverkauf von individuellem Eigentum beinhaltet.

Anlässlich des 20. Jubiläums der Washingtoner Erklärung sollte die Bundesregierung Richtlinien festlegen, wie mit wiederentdeckter, in Deutschland festgehaltener Naziraubkunst umgegangen werden soll. Eine solche festgelegte Vorgehensweise könnte anschließend auch auf die Länderebene und die dortigen Museen übertragen werden.

Der Fund der Gurlitt-Sammlung im Jahr 2013 zeigt anschaulich, dass die ungeheuerlichen Verbrechen der Nationalsozialisten immer noch nicht angemessen aufgeklärt worden sind. Der Weg in die Zukunft führt über die Washingtoner Erklärung, die einen Fahrplan für den richtigen Umgang mit den rechtmäßigen Eigentümern der Kunstwerke und ihrer Familien beinhaltet. Die Provenienzforschung ist dabei entscheidend für die Identifizierung der von den Nazis beschlagnahmten Kunst. Um zur Herstellung von Gerechtigkeit beitragen zu können, muss sie von Regierungen, Museen, privaten Sammlungen oder Stiftungen und NGOs gefördert werden. Die Universität Bonn trägt weiterhin zur wissenschaftlichen Untersuchung der Provenienz von durch die Nationalsozialisten geplünderter Kunst bei und wirkt bei der Klärung der Frage mit, ob Kunstwerke ihren rechtmäßigen Besitzern möglicherweise durch Beschlagnahmung oder einen erzwungenen Verkauf entwendet wurden. Durch diese Anstrengungen könnte es ermöglicht werden, endlich – über 20 Jahre nach Unterzeichnung der Washingtoner Erklärung und mehr als 70 Jahre nach dem Niedergang des Nationalsozialismus – „gerechte und faire Lösungen“ für die Rückgabe von Kunstwerken an ihre rechtmäßigen Besitzer zu erzielen.

Zivilrechtliche Auswirkungen des KGSG: Importverbote und Transparenzpflichten

Haimo Schack[*]

Das am 6.8.2016 in Kraft getretene neue Kulturgutschutzgesetz[1] (KGSG) hat für große Aufregung unter den Kunsthändlern und Kunstsammlern gesorgt.[2] *Export*verbote zum Schutz nationalen Kulturguts vor Abwanderung ins Ausland kennt das deutsche Recht schon lange,[3] seit 1919. Die Exportverbote und das als lästig empfundene Genehmigungsverfahren[4] sind heute in §§ 21 ff. KGSG geregelt und nicht Gegenstand der folgenden Überlegungen. Neu für das deutsche Recht sind die *Import*verbote in §§ 28 ff., 32 KGSG, die ihren Ursprung im UNESCO-Übereinkommen vom 14.11.1970 über Maßnahmen zum Verbot und zur Verhütung der rechtswidrigen Einfuhr, Ausfuhr und Übereignung von Kulturgut[5] haben. Dieses Übereinkommen gilt inzwischen in den allermeisten Kulturgüter im- und exportierenden Staaten, so in der Schweiz seit dem 1.6.2005, in Deutschland[6] seit dem 29.2.2008 und in Österreich erst seit dem

* Prof. Dr. Haimo Schack, LL.M. (Berkeley/USA), lehrt an der Christian-Albrechts-Universität zu Kiel.

1 Gesetz zum Schutz von Kulturgut vom 31.7.2016, BGBl. I 1914. Die Handreichung der BKM vom 12.4.2017 „Das neue KGSG: Handreichung für die Praxis" 2017, auch unter www.bundesregierung.de, entspricht im Wesentlichen der Gesetzesbegründung in BTDr. 18/7456 vom 3.2.2016.

2 Heftige Kritik übt etwa die Geschäftsführerin des Bundesverbandes Deutscher Galerien und Kunsthändler (BVDG) *Sturm* KUR 2016, 73–79; kritisch auch *Elmenhorst/Wiese* KGSG Kommentar, 2018, Einführung Rn. 34 ff., 45 (besprochen von *Schack* GRUR 2018, 600). Einen unaufgeregten Blick auf das neue KGSG werfen *Winands/List* KUR 2016, 198–206.

3 Vgl. *Schack* Kunst und Recht, 3. Aufl. 2017, Rn. 546 mwN.

4 Mit deutlich heraufgesetzten Wertuntergrenzen in § 24 II KGSG.

5 BGBl. 2007 II 626; hierzu *Siehr* KUR 2005, 33–46; *O'Keefe* Commentary on the UNESCO 1970 Convention, 2. Aufl. Leicester 2007; weitere Nachweise bei *Schack* Kunst und Recht, Rn. 542.

6 BGBl. 2008 II 235; zum AusfG vom 18.5.2007 (BGBl. I 757) *Ivens* KUR 2008, 36–40.

15.10.2015.[7] Um diese Verbote der Einfuhr und des „Inverkehrbringens" von „Kulturgut"[8] (unten I.) und um deren Auswirkungen auf das allgemeine Zivilrecht, insbesondere auf den Versteigerungserwerb und die Ersitzung in § 935 II bzw. § 937 BGB, soll es als erstes gehen (unten II).

Danach werden die Transparenz- und Sorgfaltspflichten in §§ 41 ff. KGSG untersucht (unten III.) und das Spannungsverhältnis zwischen Provenienzforschung und Diskretion im Kunsthandel (unten IV.). Im Ergebnis fällt die Würdigung des Kulturgutschutzgesetzes gespalten aus: Die ungeahnt weitreichenden Auswirkungen der Importverbote auf das allgemeine Sachenrecht müssen dringend reduziert werden, während die gesetzlichen Transparenzpflichten grundsätzlich zu begrüßen und weiter auszubauen sind (unten V.).

I. Verbot des Inverkehrbringens von Kulturgut, § 40 KGSG

1. Zweck der Verbotsnorm

Die Verbotsnorm des § 40 KGSG verfolgt das Ziel, den illegalen Kunstmarkt auszutrocknen.[9] Absatz 1 lautet: „Verboten ist das Inverkehrbringen von Kulturgut, das abhandengekommen ist, rechtswidrig ausgegraben oder unrechtmäßig eingeführt worden ist."

§ 32 I Nr. 1 KGSG definiert die Einfuhr als unrechtmäßig, wenn das Kulturgut entgegen den Ausfuhrbestimmungen eines anderen EU-Mitgliedstaates nach dem 31.12.1992 oder eines anderen Vertragsstaates des UNESCO-Übereinkommens von 1970 nach dem 26.4.2007 in das Gebiet der Bundesrepublik Deutschland verbracht worden ist. § 32 I Nr. 1 KGSG knüpft damit – genauso wie Nr. 2 iVm § 28 Nr. 1 KGSG für nationales Kulturgut – die Unrechtmäßigkeit der Einfuhr daran, ob die Ausfuhr des Kulturgutes nach ausländischem Recht unrechtmäßig war. Diese Vorfrage der deutschen Verbotsnorm kann mitunter schwierig zu beurteilen sein.[10]

---

7 Die USA kennen Importverbote schon deutlich länger, und zwar seit 1972 für präkolumbianische Kunst; vgl. *O'Keefe/Prott* Law and the Cultural Heritage, Band III: Movement, London/Edinburgh 1989, S. 598.

8 Beides extrem weit definiert in § 2 I Nr. 9 bzw. Nr. 10 KGSG.

9 *Elmenhorst/Wiese* (oben Fn. 2), § 40 KGSG Rn. 1; *Jauß* NJOZ 2018, 561, 564.

10 Selbst wenn das vom BKM gemäß § 4 I KGSG eingerichtete Internetportal (www.kulturgutschutz-deutschland.de) später einmal auch die ausländischen Rechtsgrundlagen enthalten sollte.

Unklar ist das Verhältnis von § 28 zu § 32 KGSG, wo einmal von „verbotener", das andere Mal von „unrechtmäßiger" Einfuhr die Rede ist.[11] Anders als im allgemeinen Sprachgebrauch sind diese Begriffe hier augenscheinlich nicht synonym gemeint. Aus § 32 I Nr. 2, der auf § 28 KGSG verweist, folgt, dass § 32 KGSG den größeren, umfassenderen Anwendungsbereich haben soll.[12]

Die Importverbote in §§ 28, 32 KGSG greifen auch dann, wenn der Eigentümer das Kulturgut etwa als Umzugsgut einführen möchte. Sogar Werke noch lebender Urheber sind hier – anders als in § 7 I 2 KGSG bei der Eintragung in ein Verzeichnis national wertvollen Kulturgutes und bei den erleichterten Sorgfaltspflichten in § 43 KGSG – nicht privilegiert.

Die Verbotsnorm des § 40 I KGSG betrifft indes nicht nur (iSv §§ 32, 28 KGSG) unrechtmäßig eingeführte, sondern auch abhandengekommene oder rechtswidrig ausgegrabene Kulturgüter. Während der Begriff „rechtswidrig ausgegraben" in § 2 I Nr. 14 KGSG (wieder unter Bezugnahme auf ausländische Rechtsvorschriften) legaldefiniert wird, ist der Begriff „abhandengekommen" wie in § 935 I BGB zu verstehen[13] als unfreiwilliger Verlust des unmittelbaren Besitzes.[14]

2. *Rechtsfolgen*

Dieser weite Anwendungsbereich des Verbots des Inverkehrbringens von Kulturgütern aller Art iSv § 2 I Nr. 10 KGSG führt zu Friktionen mit dem allgemeinen Zivilrecht, insbesondere mit den sachenrechtlichen Prinzipien des gutgläubigen Erwerbs und der Ersitzung in §§ 932, 935 II, 937 BGB (unten II.). § 40 II KGSG erklärt: „Verpflichtungs- und Verfügungsgeschäfte, die nach Absatz 1 verboten sind, sind nichtig."

Im Hinblick auf Verpflichtungsgeschäfte scheint dies eine harmlose Klarstellung, dass hier die von § 134 BGB vorgesehene zivilrechtliche Nichtigkeitsfolge greifen soll.[15] Brisanter ist, dass § 40 II KGSG auch die ent-

---

11 Vgl. *Garbers-von Boehm*, in Elmenhorst/Wiese (oben Fn. 2), § 28 KGSG Rn. 31–35.

12 *Winands/List* KUR 2016, 198, 204 Fn. 33 mit dem Hinweis, dass eine Strafandrohung nur an eine Verbotsnorm geknüpft werden könne; vgl. § 83 I Nr. 3 KGSG.

13 RegE BTDr. 18/7456, S. 96; *Elmenhorst/Wiese* (oben Fn. 2), § 40 KGSG Rn. 8. Gleiches gilt für § 41 I Nr. 1 KGSG.

14 Und auch des mittelbaren Besitzes, entgegen *Jauß* (NJOZ 2018, 561, 562) jedoch nur unter der Voraussetzung des § 935 I 2 BGB; *Elmenhorst/Strobl* KUR 2017, 158.

15 BTDr. 18/7456, S. 96.

sprechenden Verfügungsgeschäfte[16] für nichtig erklärt und so bewusst das für das deutsche Recht charakteristische Abstraktionsprinzip durchbricht.[17] Einen solchen Kurzschluss von Verpflichtungs- und Verfügungsgeschäft kennt das deutsche Recht sonst nur bei Fehleridentität,[18] etwa wenn der Verfügende geschäftsunfähig war, bewuchert (§ 138 II BGB) oder arglistig getäuscht[19] (§§ 123, 142 BGB) worden ist. Die kategorische Nichtigerklärung des Verfügungsgeschäfts, wie etwa im Drogen- oder Waffenhandel, setzt sich über das in anderen Fällen durchaus legitime Interesse des Rechtsverkehrs hinweg, der nicht immer erkennen kann, ob es sich bei dem zu erwerbenden Gegenstand um ein Kulturgut handelt und vor allem, ob es irgendwann einmal abhandengekommen oder unrechtmäßig eingeführt worden ist.

Stattdessen speist § 40 IV 1 KGSG den Erwerber mit einem Anspruch auf Ersatz des Vertrauensschadens ab.[20] Hier erweist sich als „kontraproduktiv",[21] dass der deutsche Gesetzgeber in § 40 II KGSG auch das Verpflichtungsgeschäft für nichtig erklärt hat. Zum Schutz eines gutgläubigen Käufers, dessen Erwerb an der Nichtigkeit des Verfügungsgeschäfts gescheitert ist (§ 275 I BGB), hätte der Gesetzgeber dem Käufer besser einen (verschuldensabhängigen) Anspruch auf vollen Schadensersatz statt der Leistung gemäß § 311a II BGB gewähren sollen.[22]

Die brutale Regelung in § 40 II KGSG der doppelten Nichtigkeit von Verpflichtungs- und Verfügungsgeschäft ist wegen der damit verbundenen Rechtsfolgen rechtspolitisch verfehlt. Dazu kommen ernste Auswirkungen auf die Fundamente des deutschen Sachenrechts.

---

16 Zu ihnen zählt auch eine Ermächtigung gemäß § 185 BGB; wie hier *Jauß* NJOZ 2018, 561, 563.

17 *Jauß* NJOZ 2018, 561, 562. *Jayme* (IPRax 2018, 455, 456) hält dessen Abschaffung mit Recht für „besonders einschneidend und wenig bedacht".

18 Vgl. *Ellenberger* in Palandt, BGB, 77. Aufl. 2018, vor § 104 BGB Rn. 23.

19 Vgl. *Schack* BGB Allgemeiner Teil, 16. Aufl. 2019, Rn. 277.

20 *Elmenhorst/Wiese* (oben Fn. 2), § 40 KGSG Rn. 25. § 40 IV 2 KGSG stellt diesen Anspruch auf das negative Interesse zudem unter den Vorbehalt einer Exkulpation des Schuldners. Nach dem Wortlaut kann Schuldner auch eine andere Person als der Verkäufer sein, vgl. § 2 I Nr. 9 KGSG.

21 *Elmenhorst/Wiese* (oben Fn. 2), § 40 KGSG Rn. 26.

22 *Elmenhorst/Wiese* (oben Fn. 2), § 40 KGSG Rn. 27; *Schack* GRUR 2018, 600. Siehe unten V.

II. Auswirkungen auf den gutgläubigen Erwerb, §§ 932 ff. BGB

Die kategorische Nichtigkeit aller Verfügungsgeschäfte ohne Rücksicht auf die Gutgläubigkeit des Erwerbers oder auf ein Abhandenkommen der Sache bricht mit althergebrachten Grundsätzen des Sachenrechts in §§ 932 ff., 935 II BGB. In der Gesetzesbegründung (BTDr. 18/7456) findet sich hierzu kein einziges Wort, so dass man annehmen muss, dass der Gesetzgeber des KGSG die weitreichenden Auswirkungen seiner Regelung nicht erkannt hat. Dass das Ziel, den illegalen Kunstmarkt auszutrocknen, ohne jede Rücksicht auf Verluste verfolgt werden sollte, ist kaum anzunehmen.

Wenn bei unrechtmäßig eingeführten Kulturgütern die Nichtigkeit der Verfügung unabhängig von der Gutgläubigkeit des Erwerbers eintreten soll, werden sie insoweit den abhandengekommenen Sachen gleichgestellt. Das kann man so machen, wie bei den Totalverboten etwa im Drogenhandel oder im ungenehmigten Handel mit Kriegswaffen. Doch muss man sich dann mit dem im Kunsthandel relevanten Problem auseinandersetzen, wie weit die Privilegierung des Eigentumserwerbs auf einer öffentlichen Versteigerung in § 935 II BGB reichen soll.

1. Öffentliche Versteigerungen, § 935 II BGB

Gemäß § 935 II BGB kann auf öffentlichen Versteigerungen[23] auch an abhandengekommenen Sachen gutgläubig Eigentum erworben werden. Dies setzt jedoch, wie stets in §§ 932 ff. BGB, ein (abgesehen von der fehlenden Berechtigung des Veräußerers) wirksames Verfügungsgeschäft voraus. Da dieses aber von § 40 II KGSG torpediert wird, scheint § 935 II BGB auf den ersten Blick leerzulaufen, sobald ein Kulturgut nach § 40 KGSG verbotenerweise in Verkehr gebracht worden ist.[24] Geht man davon aus, dass der Gesetzgeber den deutschen Auktionsmarkt nicht leichtfertig ruinieren wollte und dass § 40 II KGSG „vor allem der Klarstellung“ dienen sollte,[25]

---

23 ISv § 383 III BGB, d.h. durch Gerichtsvollzieher oder durch gemäß § 34b IV GewO öffentlich bestellte Versteigerer; vgl. *Schack* Kunst und Recht, Rn. 515.

24 So *Jauß* NJOZ 2018, 561, 564; wortkarg auch: *Jayme* IPRax 2018, 455, 456; *Mansel*, Ludovico Carracci auf dem US-Kunstmarkt, in Backhaus/Lynen (Hrsg.), Wissenschaft und Kunst, 2018, S. 207, 227; *Weller* (unten Fn. 37), S. 84.

25 So die Gesetzesbegründung BTDr 18/7456, S. 96.

dann wird man die Norm korrigieren, d.h. teleologisch reduzieren müssen.[26]

Wollte man an der uneingeschränkten Anwendung von § 40 II KGSG als lex specialis festhalten, dann hätte dies ungewollte Auswirkungen auch auf Pfandveräußerungen nach § 1244 BGB und wohl auch auf die (öffentlich-rechtliche) Übereignung öffentlich versteigerter gepfändeter Sachen gemäß §§ 814, 817 II ZPO und auf die öffentliche Versteigerung sichergestellter Kulturgüter durch den Zoll.[27]

Nach Inkrafttreten des Kulturgutschutzgesetzes (am 6.8.2016) abhandengekommene[28] Kulturgüter würden dann faktisch zu res extra commercium. Genau das wollte der Gesetzgeber mit § 40 KGSG jedoch verhindern.[29] An einer teleologischen Reduktion von § 40 II KGSG führt deshalb kein Weg vorbei. Als Bereichsausnahme muss der gutgläubige Erwerb *abhandengekommener* Kulturgüter auf öffentlichen Versteigerungen nach § 935 II BGB wirksam bleiben.[30] Die Öffentlichkeit der Versteigerung bietet gerade im Kunsthandel die optimale Möglichkeit, dass der Eigentümer vom Verbleib seiner Sache erfährt. Nutzt er diese Gelegenheit nicht, dann darf man einen gutgläubigen Erwerb auch von Kulturgütern zulassen und den früheren Eigentümer auf Schadensersatz- und Bereicherungsansprüche (§ 816 I BGB) verweisen. Auf einer öffentlichen Versteigerung gutgläubig erworbene Kulturgüter können danach auf dem Markt frei zirkulieren (vorbehaltlich anderer Beschränkungen). Nur so lassen sich die Funktionsfähigkeit öffentlicher Versteigerungen und die Verkehrsfähigkeit von Kulturgütern gewährleisten.

In dem Maße, wie das Verfügungsgeschäft wirksam, d.h. Erfüllung eingetreten ist, muss man hier auch die rechtspolitisch fragwürdige Nichtigkeit des Verpflichtungsgeschäfts (oben I.2) teleologisch reduzieren, weil sonst der Schutz des Erwerbers ausgehebelt würde.

Die teleologische Reduktion im Hinblick auf § 935 II BGB greift jedoch nur bei nach deutschem Recht *abhandengekommenen* Kulturgütern. Rechts-

---

26 *von Cube* NJW 2017, 787, 791; *Elmenhorst/Strobl* KUR 2017, 158, 159; *Elmenhorst/Wiese* (oben Fn. 2), § 40 KGSG Rn. 13; *Schack* GRUR 2018, 600.

27 Vgl. *Elmenhorst/Wiese* (oben Fn. 2), § 40 KGSG Rn. 11; *von Cube* NJW 2017, 787, 791. In diesem Fall könnten dann auch Amtshaftungsansprüche drohen!

28 Vgl. *Jayme* IPRax 2018, 455, 456.

29 RegE BTDr. 18/7456, S. 96.

30 So rechtspolitisch auch *Armbrüster* NJW 2001, 3581, 3585. Dagegen kategorisch einen gutgläubigen Erwerb gestohlener Kulturgüter verneinend DCFR VIII.–3:101 II 2, *von Bar/Clive* (Hrsg.), Draft Common Frame of Reference, Full Edition, vol. 5, München 2009, S. 4824, 4834 f.

widrig ausgegrabene und unrechtmäßig eingeführte Kulturgüter stehen auf einem anderen Blatt, schon wegen der Vorgaben der Rückgabe-RL 2014/60/EU.[31] Für diese beiden Gruppen von Kulturgütern sind die strikten Nichtigkeitssanktionen in § 40 II KGSG im Interesse des wechselseitigen internationalen Kulturgüterschutzes vertretbar.

2. *Ersitzung, § 937 BGB*

Wer das Ziel, den illegalen Kunstmarkt auszutrocknen, über alles stellt, der wird auch einen Eigentumserwerb durch Ersitzung nach zehn Jahren gutgläubigen Eigenbesitzes für ausgeschlossen halten. So deutet *Jauß* § 40 I KGSG als ein Erwerbsverbot, das auch einen gesetzlichen Eigentumserwerb durch Ersitzung nach § 937 BGB ausschließen soll.[32] Dem ist jedoch nicht zu folgen, vielmehr lässt § 40 II KGSG eine Ersitzung unberührt.[33] Schon sein Wortlaut betrifft nur rechtsgeschäftliche Verfügungen und keine Fälle eines originären gesetzlichen Eigentumserwerbs wie § 937 BGB. Wäre eine Ersitzung nach zehn Jahren gutgläubigen Eigenbesitzes ausgeschlossen, dann würden zivilrechtliche Herausgabeansprüche erst nach 30 Jahren verjähren.[34] Und danach würden der Besitz und das Eigentum an solchen Kulturgütern auf Dauer auseinanderfallen, was weder den Besitzer noch den Eigentümer glücklich werden lässt[35] und faktisch wiederum zu res extra commercium führt. Zivilrechtliche Rückgabeansprüche lässt § 49 I 2 KGSG ausdrücklich unberührt. Das muss auch für deren Erlöschen durch Ersitzung gelten. § 937 BGB wird deshalb nach Wortlaut und Telos von § 40 II KGSG nicht verdrängt. Wie § 935 II BGB heilt auch eine Ersitzung den Makel des Abhandenkommens.[36] Danach kann das Kulturgut grundsätzlich frei zirkulieren. Der neue Eigentümer unterliegt jedoch wei-

---

31 Vgl. auch Art. 13 des UNESCO-Übereinkommens von 1970.

32 *Jauß* NJOZ 2018, 561, 562 f., 564.

33 So auch OLG Nürnberg KUR 2017, 160, 172 Tz. 137 (ohne nähere Begründung), mit zustimmender Anm. *Elmenhorst/Strobl* 158 f.; BeckOGK/*Buchwitz* § 937 BGB Rn. 98 (Stand: 1.6.2018); und die Vermutung von *Weller* (unten Fn. 37), S. 84 Fn. 175. Auch DCFR VIII.–4:102 I (oben Fn. 30) sieht für Kulturgüter nur längere Ersitzungsfristen vor.

34 § 197 I Nr. 2 BGB. Entsprechend für öffentlich-rechtliche Rückgabeansprüche § 55 II KGSG, mit einer Sonderregelung in Abs. 1 für deren Erlöschen nach 75 Jahren.

35 Vgl. *Schack* Kunst und Recht, Rn. 517.

36 Vgl. auch zum Erlöschen von Rechten Dritter die parallelen §§ 936, 945 BGB.

terhin den für unrechtmäßig eingeführte oder rechtswidrig ausgegrabene Kulturgüter geltenden Beschränkungen.

3. Internationales Privatrecht

Das Private Enforcement des Kulturgüterschutzrechts[37] ist – ungeachtet der Richtlinie 2014/60/EU vom 15.5.2014 über die Rückgabe von unrechtmäßig aus dem Hoheitsgebiet eines Mitgliedstaats verbrachten Kulturgütern[38] – weltweit ganz unterschiedlich geregelt. Deshalb kommt es entscheidend darauf an, welches nationale Recht anwendbar ist, wenn das Verpflichtungs- oder das Verfügungsgeschäft, wie hier typischerweise, Verbindungen mit einem ausländischen Staat aufweisen. Das Vertragsstatut können die Vertragspartner nach Art. 3 der Rom I-Verordnung über das auf vertragliche Schuldverhältnisse anzuwendende Recht[39] grundsätzlich frei wählen, sich dadurch aber selbstverständlich nicht dem Importverbot des § 40 KGSG entziehen. Bei dieser Vorschrift handelt es sich um eine Eingriffsnorm iSv Art. 9 II Rom I-VO für Import- wie für Exportverbote,[40] die sich als international zwingendes deutsches Recht unabhängig davon durchsetzt, welches Recht die Parteien für ihren Vertrag gewählt haben.

Für das Verfügungsgeschäft hingegen gilt traditionell und nahezu weltweit die lex rei sitae, d.h. das Recht der Belegenheit der Sache im maßgeblichen Zeitpunkt der Rechtsänderung.[41] Doch sind § 40 II und III KGSG auch insoweit Eingriffsnormen,[42] die ein deutsches Gericht auch gegenüber einem ausländischen Belegenheitsrecht durchsetzen muss. Über diese disparate Rechtslage könnte nur eine unionsweite Vereinheitlichung der Kollisionsnormen für Kulturgüter hinweghelfen.[43]

---

37 Hierzu die Studie für das Europäische Parlament von *Matthias Weller* Rethinking EU Cultural Property Law: Towards Private Enforcement, 2018.

38 EU-ABl. 2014 L 159, S. 1, die Vorläufer-Richtlinie 93/7/EWG vom 15.3.1993 ersetzend. Der Vorschlag einer Verordnung über die Einfuhr von Kulturgütern vom 13.7.2017, COM(2017) 375 final, will die Terrorismusfinanzierung bekämpfen und betrifft im Wesentlichen das Zollverfahren.

39 Verordnung (EG) Nr. 593/2008 vom 17.6.2008, EU-ABl. 2008 L 177, S. 6.

40 Vgl. § 40 III KGSG und *Schack* Kunst und Recht, Rn. 431, 546.

41 Art. 43 EGBGB, mit dem Vorbehalt einer wesentlich engeren Verbindung in Art. 46 EGBGB.

42 So beiläufig auch *Jayme* IPRax 2018, 455, 456.

43 Hierzu *Weller* (oben Fn. 37), S. 69–77. Zu denkbaren Anknüpfungsmöglichkeiten Staudinger/*Mansel* BGB Internationales Sachenrecht (2015), Art. 46 EGBGB Rn. 63 ff. (lex furti), 69 ff. (lex originis). Die spezielle Kollisionsnorm in §§ 54 I, 72

Doch der Preis hierfür ist hoch: Wenn für bestimmte Gegenstände eine von der lex rei sitae abweichende Kollisionsnorm gelten soll, muss deren sachlicher Anwendungsbereich konkret und rechtssicher abgegrenzt werden.[44] Ein so uferlos weiter Kulturgutbegriff wie in § 2 I Nr. 10 KGSG oder Art. 2 des Unidroit-Übereinkommens vom 24.6.1995 über die Rückgabe gestohlener oder illegal exportierter Kulturgüter[45] ist dazu ersichtlich ungeeignet. Statt die Rechtssicherheit der lex rei sitae preiszugeben, bemüht man sich besser um die Vereinheitlichung des materiellen Kulturgutschutzrechts,[46] hier der Anforderungen an die im Verkehr erforderliche Sorgfalt (§§ 276 II, 932 II, 937 II BGB) beim Handel und Erwerb von Kulturgütern.[47]

III. Transparenzpflichten, §§ 41 ff. KGSG

Wesentlich flexibler als die von § 40 II KGSG angeordnete totale Nichtigkeit aller Verpflichtungs- und Verfügungsgeschäfte ist die Anordnung spezieller Sorgfaltspflichten im Kunsthandel. Hier könnte man einmal beim Erwerber ansetzen und ihm gesteigerte Erkundigungs- und Nachforschungspflichten auferlegen, deren Verletzung ihn bösgläubig iSv § 932 II BGB werden lässt.[48]

Mit den Sorgfaltspflichten in §§ 41 ff. KGSG hat der deutsche Gesetzgeber indes an der Verkäuferseite[49] angesetzt.[50] Neben den allgemeinen Sorgfaltspflichten in § 41 sehen §§ 42 ff. KGSG gesteigerte Sorgfaltspflichten für solche Personen vor, die Kulturgut in Ausübung ihrer gewerblichen Tätigkeit in Verkehr bringen. Mit diesen gesetzlichen Sorgfaltspflichten will der

---

KGSG (früher §§ 5 I, 9 KultGüRückG) gilt nur nach erfolgter Rückgabe des Kulturgutes in das Gebiet eines EU-Mitgliedstaates oder Vertragsstaates; hierzu jüngst *Siehr* in Festschrift für Christian Kohler 2018, S. 461–472.

44 Vgl. den Versuch von *Mansel* (vorige Fn.), Rn. 72–74.

45 Vgl. *Schack* Kunst und Recht, Rn. 531, 542. Dieses Übereinkommen ist für Deutschland nicht in Kraft.

46 *Schack* Kunst und Recht, Rn. 530 mwN; so auch MünchKommBGB/*Wendehorst*, Band 12, IPR II, 7. Aufl. 2018, Art. 43 EGBGB Rn. 192 f.

47 Ausführlich *Schack* Kunst und Recht, Rn. 531 ff.

48 Vgl. *Schack* Kunst und Recht, Rn. 536.

49 Einschließlich aller Absatzmittler, vgl. § 2 I Nr. 9 KGSG; *Strobl* NJOZ 2017, 810, 811.

50 Ebenso die Schweiz mit den Sorgfaltspflichten in Art. 16 des Kulturgütertransfergesetzes (KGTG) vom 20.6.2003, in Kraft seit dem 1.6.2005.

Gesetzgeber „die Position des seriösen Kunsthandels in Deutschland stärken".[51]

Deutlich weiter geht die Schweiz, wo auch der Erwerber abhandengekommener Kulturgüter wegen *fahrlässiger* Hehlerei bestraft werden kann.[52] Nach deutschem Recht indes macht sich ein Erwerber nach § 83 KGSG nur strafbar, wenn er – sei es als Teilnehmer (Anstifter oder Gehilfe) oder im seltenen Fall des § 83 I Nr. 5 iVm § 40 III KGSG als Täter – vorsätzlich gehandelt hat (§§ 15, 26, 27 I StGB).

Auch wenn den Erwerber die Sorgfaltspflichten in §§ 41 ff. KGSG nicht treffen, zwingt ihn doch schon das Nichtigkeitsrisiko in § 40 II KGSG dazu, dem Verkäufer unangenehme Fragen zu stellen und insbesondere Provenienznachweise zu fordern. Mittelbar von den Sorgfaltspflichten der Kunsthändler betroffen sind die Erwerber auch insofern, als deren persönliche Daten[53] (Name und Anschrift) gemäß §§ 42 I Nr. 1, 45 KGSG aufgezeichnet und 30 Jahre lang aufbewahrt werden müssen.[54] Die der Verkäuferseite auferlegten Sorgfaltspflichten haben für den Erwerber den Vorteil, dass, wenn er auf deren Einhaltung vertrauen kann, sein Risiko deutlich sinkt, später Rückgabeansprüchen ausgesetzt zu sein.[55]

1. *Allgemeine Sorgfaltspflichten, § 41 KGSG*

Jeder, der Kulturgut gleich welcher Art und welchen Wertes in Verkehr bringt, ist gemäß § 41 I KGSG verpflichtet, zuvor mit der erforderlichen Sorgfalt zu prüfen, ob das Kulturgut abhandengekommen ist, unrechtmäßig eingeführt oder rechtswidrig ausgegraben worden ist. Diese allgemeine Sorgfaltspflicht knüpft an die Verbotsnorm des § 40 I KGSG und trifft nicht nur professionelle Kunsthändler, sondern auch Sammler, Erben und Sicherungseigentümer, wenn sie Kulturgüter veräußern wollen. Die Prüfungspflicht des § 41 I KGSG soll nach Absatz 2 jedoch nur greifen, „wenn

---

51 RegE BTDr. 18/7456, S. 46.

52 Art. 24 KGTG; vgl. *Raschèr/Bomio* in Mosimann/Renold/Raschèr (Hrsg.), Kultur Kunst Recht, Basel 2009, Kap. 6 Rn. 436 ff., 443. In Art. 25 KGTG strafbewehrt sind auch die Sorgfaltspflichten des Verkäufers; vgl. *Schack* Kunst und Recht, Rn. 538 mwN.

53 Datenschutzrechtlich gedeckt von Art. 6 I lit. c, III DSGVO.

54 In der Schweiz indes muss der Kunsthandel gemäß Art. 16 II lit. c KGTG den Namen und die Adresse nur des Verkäufers aufzeichnen (dafür aber auch den Ankaufspreis!) und 30 Jahre lang aufbewahren.

55 Vgl. RegE BTDr. 18/7456, S. 46.

sich einer vernünftigen Person die Vermutung aufdrängen müsste“, dass ein verbotenes Inverkehrbringen in Betracht kommt. Hierfür nennt § 41 II 2 KGSG beispielhaft, wenn bei einem früheren Erwerb[56] des Kulturgutes ein außergewöhnlich niedriger Preis oder vom Verkäufer eine Barzahlung von über 5.000 € gefordert worden ist. Absatz 3 begrenzt die Prüfungspflicht weiter auf „Informationen, die mit zumutbarem Aufwand zu beschaffen sind“.[57] Die zweifache Bezugnahme auf eine „vernünftige Person“[58] meint nichts anderes, als dass die erforderliche Sorgfalt wie in § 276 II BGB objektiv und normativ zu bestimmen ist.[59] So wird man differenzieren müssen, ob das Kulturgut von einem erfahrenen Kunsthändler, einem privaten Sammler oder einem schlichten Laien veräußert werden soll.

Die Sorgfaltspflichten in § 41 KGSG sind danach nicht sonderlich stark. Sie konkretisieren die allgemeinen vertraglichen Schutzpflichten in § 241 II iVm §§ 280 I, 311 II BGB. Ihre Wirkung als Schutzgesetz iSv § 823 II BGB ist insofern begrenzt, als der Erwerber mit deliktischen Ansprüchen nicht sein Erfüllungsinteresse, sondern immer nur den Ersatz seines Vertrauensschadens verlangen kann. Das Gleiche gilt für den Schadensersatzanspruch in § 40 IV 1 KGSG, der in aller Regel[60] nach Satz 2 entfallen dürfte, wenn der Veräußerer die Sorgfaltspflichten der §§ 41 ff. KGSG erfüllt hat.

2. *Gesteigerte Sorgfaltspflichten bei gewerblichem Inverkehrbringen, §§ 42 ff. KGSG*

Wer Kulturgut in Ausübung seiner gewerblichen Tätigkeit in Verkehr bringt, unterliegt über § 41 hinaus den gesteigerten Sorgfaltspflichten des § 42 I KGSG. Festgehalten werden müssen Name und Anschrift der am Veräußerungsgeschäft beteiligten Personen (Nr. 1) und die Identität des

56 Damit kann allein der frühere Erwerb des Veräußerers gemeint sein; Strobl NJOZ 2017, 810, 811; *Elmenhorst/Wiese* (oben Fn. 2), § 41 KGSG Rn. 11.

57 Hierzu *Strobl* NJOZ 2017, 810, 812.

58 Der „reasonable man“ des Common Law lässt grüßen; auf die Schippe genommen von *von Cube* (NJW 2017, 787, 791) mit einem Zitat von A.P. Herbert.

59 Zum Sorgfaltsmaßstab *Strobl* NJOZ 2017, 810, 812; *Elmenhorst/Wiese* (oben Fn. 2), § 41 KGSG Rn. 14, 20. Ob man das „aufdrängen“ in § 41 II 1 KGSG mit grobfahrlässiger Unkenntnis des Veräußerers gleichsetzen darf (so Rn. 14), ist fraglich.

60 Vgl. *Strobl* NJOZ 2017, 810, 815; und allgemein *dies.* Kulturgüterrelevante Verhaltenskodizes, 2018, S. 476 ff., 484.

Kulturgutes durch dessen Beschreibung und Abbildung[61] (Nr. 2). Unerfindlich ist, weshalb – anders als früher gemäß § 18 I 1 Nr. 4 KultGüRückG – die An- und Verkaufspreise nicht mehr festgehalten werden müssen.

Die übrigen Pflichten in § 42 I 1 Nr. 3–6 KGSG, die Provenienz des Kulturgutes sowie Ein- und Ausfuhrdokumente zu prüfen und öffentlich zugängliche Datenbanken wie www.lostart.de oder www.artloss.com einzusehen, stellt § 42 I 3 KGSG unter den Vorbehalt der wirtschaftlichen Zumutbarkeit. Darüber hinaus greifen sämtliche gesteigerten Sorgfaltspflichten, solange es nicht um archäologisches Kulturgut geht, erst ab einer Wertgrenze von 2.500 €, § 42 III KGSG.[62] Die vom Handel kritisierte[63] von 10 auf 30 Jahre verlängerte Aufbewahrungsfrist[64] für die nach § 42 I KGSG zu fertigenden Aufzeichnungen korrespondiert mit der allgemeinen Verjährungsfrist für dingliche Herausgabeansprüche in § 197 I Nr. 2 BGB und der regelmäßigen Ausschlussfrist in Art. 8 I 2 der Rückgabe-RL 2014/60/EU für den öffentlich-rechtlichen Rückgabeanspruch unrechtmäßig verbrachter Kulturgüter. Die verglichen mit dem Steuer- und Handelsrecht (zehn Jahre, § 257 HGB) deutlich längere Aufbewahrungsfrist dient dem Kulturgüterschutz und der Provenienzforschung und ist dem Kunsthandel durchaus zumutbar, zumal die Aufzeichnungen auch in elektronischer Form erfolgen können, § 45 I 2 KGSG.

Eine andere Frage ist, wie weit die Pflicht in § 42 I Nr. 3 KGSG gehen soll, „die Provenienz des Kulturgutes zu prüfen“, wohlgemerkt: nicht festzustellen, sondern zu prüfen. Das gilt ganz besonders, wenn zu vermuten ist, dass das Kulturgut NS-verfolgungsbedingt entzogen wurde (§ 44 KGSG). Dann sollen nämlich weder der Maßstab des zumutbaren Aufwandes noch die Wertgrenze von 2.500 € gelten (§ 42 I 3, III KGSG). Doch darf man einem gewöhnlichen Kunsthändler nicht den gleichen Aufwand abverlangen wie der vom BKM eingesetzten Taskforce im Fall Gurlitt, die mit extremem Aufwand kaum mehr als bruchstückhafte Ergebnisse erzielt

61 Die damit verbundenen urheberrechtlichen Probleme hat der Gesetzgeber geahnt (BTDr. 18/7456, S. 98), aber nicht gelöst; vgl. *Schack* GRUR 2018, 600.

62 Die alte Wertgrenze in § 18 II Kulturgüterrückgabegesetz vom 18.5.2007 (KultGüRückG) lag mit 1.000 € deutlich niedriger.

63 *Sturm* KUR 2016, 73, 77; vgl. auch *Elmenhorst/Wiese* (oben Fn. 2), § 45 KGSG Rn. 7 ff.

64 § 45 II 1 KGSG. Ebenso in der Schweiz Art. 16 III KGTG.

hat.[65] Anforderungen in § 44 KGSG jenseits des „zumutbaren Aufwandes“ dürften vielmehr unverhältnismäßig und damit verfassungswidrig sein.[66]

Auch wenn der Kunsthändler seine Prüfungspflichten erfüllt hat, bleibt das Nichtigkeitsrisiko des § 40 II KGSG (oben I.2), wenn sich später herausstellt, dass das Kulturgut NS-verfolgungsbedingt abhandengekommen war.[67] Sobald das Kulturgut – zu Recht oder zu Unrecht – in der Lost Art-Datenbank eingetragen ist, ist es praktisch unverkäuflich, solange es zu keiner Einigung mit dem Prätendenten kommt.[68] Die Vermutung NS-verfolgungsbedingten Entzugs mit der Konsequenz noch einmal gesteigerter Sorgfaltspflichten in § 44 Satz 1 Nr. 1 KGSG dürfte jedenfalls dann greifen, wenn das Kulturgut mit substantiierten Angaben in der Lost Art-Datenbank eingetragen ist.[69]

Einsicht in die nach §§ 42, 45 KGSG zu fertigenden Aufzeichnungen kann nicht nur die Behörde verlangen (§ 46), sondern gemäß § 48 KGSG auch der Erwerber eines Kulturguts, wenn er gerichtlich[70] auf Herausgabe des Kulturgutes in Anspruch genommen wird. Dieser Auskunftsanspruch trägt zumindest nachträglich wesentlich zur Transparenz und zum Käuferschutz bei.

IV. *Provenienzforschung versus Diskretion im Kunsthandel*

Insgesamt sind die Sorgfalts- und Aufzeichnungspflichten der §§ 41 ff. KGSG ein wichtiger Schritt in Richtung größerer Transparenz im Kunsthandel. Wer es mit der Provenienzforschung ernst meint, muss für größtmögliche Transparenz sorgen. So muss ein Erwerber nicht nur seinen Vertragspartner (Kunsthändler, Auktionator), sondern auch den Kommittenten oder Einlieferer kennen.[71] Mit Herkunftsangaben wie „aus privatem Kunstbesitz“ darf man einen Erwerber nicht abspeisen, denn das macht es

---

65 Insoweit berechtigt die Kritik von *Sturm* KUR 2016, 73, 78.

66 Vgl. *von Cube* NJW 2017, 787, 791 f. Geboten ist zunächst eine verfassungskonforme Auslegung.

67 Dann entfällt lediglich die Schadensersatzpflicht nach § 40 IV 2 KGSG; *Strobl* NJOZ 2017, 810, 814.

68 Das „erhebliche Erpressungspotenzial“ beklagen mit Recht *Elmenhorst/Heimann* NJW 2016, 3398, 3403; vgl. *Schack* Kunst und Recht, Rn. 498.

69 Allein die Eintragung nicht ausreichen lassen will *Strobl* NJOZ 2017, 810, 814.

70 Unter Umständen auch außergerichtlich, § 48 II KGSG.

71 Umgekehrt hat auch ein Urheber ein schützenswertes Interesse daran, die Person des Erwerbers zu erfahren, wenn er von seinem Zugangsrecht (§ 25 UrhG) Gebrauch machen oder den Kunstgegenstand für eine Retrospektive ausleihen

ihm völlig unmöglich, das Nichtigkeitsrisiko des § 40 II KGSG einzuschätzen. Die üblichen Verschleierungstaktiken nützen nur dem Kunsthandel, der seine Bezugsquellen und Absatzwege nicht offenlegen will, und begünstigen schlimmstenfalls Steuerhinterziehung und Geldwäsche. Die im Rechtsverkehr mit Kulturgütern *erforderliche* Sorgfalt sieht anders aus. Wer das Kulturgutschutzgesetz als „Kontrollprogramm hochwertigen Kunstbesitzes" brandmarkt,[72] verkennt, dass das Anonymitätsinteresse des Eigentümers und des Veräußerers von Kulturgut durch dessen besondere Sozialpflichtigkeit (Art. 14 II GG) seit jeher deutlich eingeschränkt ist. Das gilt für den Abwanderungsschutz genauso wie für die Provenienzforschung. Dass die „absolute Diskretion ... seit mehreren Jahrhunderten ein elementarer und existenzieller Bestandteil des Geschäftsmodells des internationalen und nationalen Kunst- und Auktionshandels" ist,[73] mag sein, ist aber keine Rechtfertigung. Dieses anonyme Geschäftsmodell lässt sich auch nicht mit dem Schutz personenbezogener Daten rechtfertigen.[74] Dass die Einsichtsrechte des Käufers in § 48 KGSG einen verfassungswidrigen Eingriff in das Persönlichkeitsrecht des Veräußerers und des eingerichteten und ausgeübten Gewerbebetriebs des Kunsthändlers oder Auktionators darstellen sollen,[75] ist deshalb nicht anzunehmen.

Mit der „absoluten Diskretion des Kunsthandels" sollte endlich Schluss sein. Bei Kunstgegenständen im Wert von über 2500 € sind die Aufzeichnungs- und Aufbewahrungspflichten durchaus zumutbar und sollten auch wieder auf die An- und Verkaufspreise (§ 18 I 1 Nr. 4 KultGüRückG aF) erstreckt werden. Auch die Informationsrechte des Käufers sollten weiter gestärkt werden, damit er das Risiko eines fehlgeschlagenen Erwerbs abhandengekommener Kulturgüter selbstständig abschätzen kann. Die Provenienzforschung darf sich nicht auf Feststellungen ex post beschränken, sondern sie muss auch einem Kaufinteressenten erleichtert werden, zumal wenn er das uneingeschränkte Nichtigkeitsrisiko des § 40 II KGSG tragen soll (oben I.2).

Von den gesteigerten Sorgfaltspflichten des § 42 I KGSG profitiert deshalb nicht nur die Provenienzforschung, sondern auch der seriöse Kunsthandel, da eine gesicherte und nachweisbare Provenienz werterhöhend wirkt.

---

möchte; vgl. LG Hamburg KUR 2007, 17, 18 f., hierzu *B. Raue*, Diskretion im Kunsthandel?, KUR 2007, 16 f.; *Schack* Kunst und Recht, Rn. 665 mwN.

72 So *Sturm* KUR 2016, 73, 75.

73 *Elmenhorst/Wiese* (oben Fn. 2), § 48 KGSG Rn. 5.

74 S. oben Fn. 53.

75 Vgl. *Elmenhorst/Wiese* (oben Fn. 2), § 48 KGSG Rn. 5.

Allerdings umfasst die Prüfung der Provenienz des Kulturgutes in § 42 I Nr. 3 KGSG entgegen der Gesetzesbegründung[76] nicht „die Klärung der Urheberschaft eines Werkes", sondern nur die Kette der Voreigentümer des Kunstgegenstandes. Das Fälschungsrisiko steht auf einem anderen Blatt und wird vom Kulturgutschutzgesetz nicht erfasst. Andererseits erscheint es nicht ausgeschlossen, dass auch berühmte Kunstfälschungen, etwa von Han van Meegeren oder Wolfgang Beltracchi, schutzwürdige Kulturgüter sein können.[77]

V. Fazit

Als Ergebnis bleibt festzuhalten: Die gesteigerten Sorgfaltspflichten in § 42 KGSG sind grundsätzlich zu begrüßen und sollten im Interesse einer effektiven Provenienzforschung weiter ausgebaut werden. Unhaltbar ist jedoch § 44 KGSG, soweit Prüfungspflichten ohne jede Rücksicht auf den zumutbaren Aufwand begründet werden.

Konzeptionell verfehlt ist ferner die kategorische Nichtigerklärung sämtlicher Verpflichtungs- und Verfügungsgeschäfte über abhandengekommenes oder unrechtmäßig eingeführtes Kulturgut in § 40 II KGSG. Das missachtet das Interesse des redlichen Handelsverkehrs an einem gutgläubigen Erwerb oder zumindest an einem vollen Schadensersatzanspruch auf das positive Interesse. Gleich beides darf man einem redlichen Erwerber nicht nehmen. Zumindest auf öffentlichen Versteigerungen sollte deshalb ein gutgläubiger Erwerb abhandengekommener Kulturgüter gemäß § 935 II BGB unverändert möglich sein (oben II.1). Und das Verpflichtungsgeschäft muss entgegen § 40 II KGSG schon deshalb grundsätzlich wirksam bleiben, weil überhaupt kein Anlass besteht, den Kunsthandel (erst recht den unseriösen!) von jeglichen vertraglichen Schadensersatzansprüchen freizustellen. Hier ist der Gesetzgeber erneut gefordert nachzubessern.

Neben diesen konzeptionellen Mängeln des Kulturgutschutzgesetzes bleibt der Geburtsfehler des uferlos weiten Kulturgutbegriffs[78] in § 2 I Nr. 10 KGSG. Soweit das Gesetz grundsätzlich auch für Bücher und Schall-

---

76 BTDr. 18/7456, S. 98. Vgl. *Strobl* NJOZ 2017, 810, 813.

77 Verneinend für die Schweiz *Schönenberger* in FS Schwenzer, Bern 2011, II S. 1541, 1545 ff., 1553.

78 Vgl. *Schack* Kunst und Recht, Rn. 531.

platten,[79] Briefmarken und Trödel gilt, wird mit Kanonen auf Spatzen geschossen und die Überzeugungskraft des gesamten Kulturgutschutzgesetzes leidet. Das ist schade!

79 Vgl. § 42 II KGSG, der aber die allgemeinen Sorgfaltspflichten des § 41 KGSG unberührt lässt.

Von „Kunst und Recht“ zu „Bild und Recht“ – Anmerkungen zur Regulierung des Visuellen

Thomas Dreier[*]

I. Kunst und Recht

Kunst und Recht, Recht und Kunst: Das scheint, sieht man einmal von Spezialmaterien wie dem Kulturgüterschutzrecht und dem Urheberrecht ab, auf den ersten Blick eine eher unwahrscheinliche Kombination. Wenn ich es richtig sehe, ist die Alfried Krupp von Bohlen und Halbach-Professur, die neben dem bürgerlichen Recht das Kunst- sowie das Kulturgutschutzrecht prominent benennt, die erste und einzige Professur an einer juristischen Fakultät in Deutschland, die in ihrer Benennung Kunst und Recht zusammenbringt. Freilich beschäftigen sich mehrere Kollegen mit Fragen des Kunstrechts, zumal wenn sie im IPR oder dem Urheberrecht zu Hause sind, allen voran Prof. Jayme aus Heidelberg,[1] den man mit Fug und Recht als den Doyen des Kunstrechts bezeichnen kann, und Prof. Schack aus Kiel,[2] aber etwa auch Prof. Siehr aus der Schweiz[3] und natürlich der gegenwärtige Inhaber des Bonner Lehrstuhls, Prof. Weller, der im Rahmen des von ihm und dem Heidelberger Kunstrechtsanwalt Dr. Kemle gegründeten Instituts für Kunst und Recht (IFKUR) seit über einem Jahrzehnt den Heidelberger Kunstrechtstag organisiert.[4]

---

* Prof. Dr. Thomas Dreier, M.C.J. (New York University of Law); Leiter des Instituts für Informations- und Wettbewerbsrechts und des Zentrums für Angewandte Rechtswissenschaft am Karlsruher Institut für Technologie (KIT); Honorarprofessor an der Rechtswissenschaftlichen Fakultät der Albert-Ludwigs-Universität, Freiburg, sowie Senior Fellow des Bonner Käte Hamburger Kollegs „Recht als Kultur“.

1 Schriftenverzeichnis von Jayme unter www.ipr.uni-heidelberg.de/md/jura/ipr/personen/jayme/Schriftenverzeichnis.pdf.

2 Schriftenverzeichnis von Schack unter www.ipvr.uni-kiel.de/de/ls_schack/prof.-dr.-haimo-schack/schriftenverzeichnis, sowie insbesondere *Schack*, Kunst und Recht, 3. Aufl. 2017.

3 Insbesondere das von Siehr mit gestaltete Werk von Ebling/Schulze (Hrsg.), Kunstrecht, 2. Aufl. 2012.

4 https://ifkur.de. – Weiterhin mit dem Kunstrecht verbunden sind insbesondere Prof. Reichelt, die in Wien einen eigenständigen Studiengang eingerichtet hat, sowie RA Dr. Mosimann und Prof. Schönberger, die vergleichbar dem Heidelberger

1. *Kunst und Recht: ein Gegensatz?*

Dass Recht und Kunst meist nicht zusammen gesehen werden, dürfte weniger mit einer fehlenden wirtschaftlichen Bedeutung des Kunstrechts zu tun haben, gibt es in juristischen Fakultäten doch fest etablierte Rechtsgebiete, denen in wirtschaftlicher Hinsicht weit geringere Bedeutung zukommt. Die nur zögerliche Paarung von Kunst und Recht dürfte ihren Grund vielmehr darin haben, dass Kunst und Recht seit jeher als zwei unterschiedliche Sphären gesellschaftlichen Handelns angesehen werden.[5] Von Kants Unterscheidung der reinen und der praktischen Vernunft von der ästhetischen Urteilskraft[6] über die Trennung des kaufmännisch Gewerblichen vom zweckfrei verstandenen Schöngeistigen im 19. Jahrhundert[7] bis hin zur Systemtheorie Luhmanns[8] sind Kunst und Recht als unterschiedliche gesellschaftliche Subsysteme mehr oder minder streng geschieden worden. Kunst und Recht verfolgen danach kein gemeinsames Ziel, und es unterscheiden sich Recht und Kunst in nahezu allen ihrer Charakteristika.

Recht, jedenfalls wie es uns heute begegnet, übt eine starke regulatorische Funktion aus, gleichviel, ob es ihm um die Verfassung und Organisation des Staates und der öffentlichen Gewalt oder um die Rechtsverhältnisse der Bürger untereinander geht. Je mehr man das Recht nicht abstrakten Gerechtigkeitsvorstellungen verpflichtet sieht, sondern es vielmehr als ein divergierende Interessen ausgleichendes Steuerungsinstrument versteht, das Anreize für ein möglichst zweckrationales Verhalten setzen will, desto größer sind die Anforderungen an die Präzision rechtlicher Definitionen und Normbefehle. Das schlägt sich zum einen in der Detailliertheit nieder, die gerade Gesetze neueren Datums auszeichnet. Zum anderen wird Recht

---

Kunstrechtstag im Zusammenhang mit der Art Basel ein jährliches Kunstrechtsseminar organisieren. Zunächst als eigenständiges Institut gegründet wurde schließlich das Genfer „Centre du droit de l'art", das unter der Leitung von RA Prof. Renold seit 2009 der Universität Genf eingegliedert ist.

5 S. dazu wie zum Folgenden näher *Dreier*, Law and Images – Normative Models of Representation and Abstraction, in: Gephart/Leko (Hrsg.), Law and the Arts – Elective Affinities and Relationships of Tension, Frankfurt 2017, S. 155 ff.

6 *Kant*, Kritik der reinen Vernunft, 1781, Kritik der praktischen Vernunft 1788; Kritik der Urteilskraft, 1790.

7 Erhalten hat sich diese Trennung bis heute in der Bezeichnung des maßgeblichen deutschen Fachverbandes, der „Deutschen Vereinigung für gewerblichen Rechtsschutz und Urheberrecht e.V."; auch in Frankreich sind die „propriété industrielle" und die „propriété littéraire et artistique" scharf voneinander abgegrenzt.

8 *Luhmann*, Das Recht der Gesellschaft, 1993, und Die Kunst der Gesellschaft, 1997.

vor allem von der Rechtswissenschaft in Deutschland als ein in sich dogmatisch geschlossenes System betrachtet.[9]

Kunst dagegen spricht ganz generell die Sinne an, sie zielt auf das Verständnis für Bedeutung, sorgt für geistige Erleuchtung und will neue Gedanken hervorrufen oder zumindest schlichtweg Freude verschaffen. Kunstwerke sind daher per definitionem interpretationsoffen[10] – ideologisch festgelegte Kunst ist durchweg schlechte Kunst – und weisen daher einen den Rechtsnormen diametral entgegengesetzten Charakter auf. Das unterschiedliche Präzisionsbedürfnis spiegelt sich zugleich in der Textbezogenheit des Rechts ebenso wider, wie in der visuellen Medialität von Werken der bildenden Kunst. Die Sprache ermöglicht den hohen Abstraktionsgrad von Rechtsnormen, wie die Unschärfe visueller Repräsentation die Interpretationsoffenheit der Kunstwerke garantiert. Auch weitere Unterschiede lassen sich benennen. So beanspruchen normative Rechtsbefehle eine generelle und teils sogar nationale Grenzen überschreitende Geltung. Die Regeln, nach denen sich Kunstwerke beurteilen, sind jedoch in großem Maß subjektiv und damit personen-, orts- und zeitabhängig. Zur Verabschiedung von Rechtsnormen bedarf es einer zuvor definierten Kompetenzordnung. Das Kunstschaffen hingegen nimmt für sich Legitimität aus eigenem Grund in Anspruch. Anders formuliert: Das rechtliche System vertraut auf die normative Kraft der Rechtsnorm, die Kunst hingegen lebt in ihrer Innovationskraft vom Prinzip der Grenzüberschreitung. Oder noch einmal anders mit den Worten des griechischen Professors und Direktors des Londoner Birkbeck Institute for the Humanities Costas Douzinas: „Juristen leben mit dem Text, lieben die Vergangenheit und verabscheuen das Neue. Große Kunst hingegen ist, gerade weil sie sich über Konventionen und Regeln hinwegsetzt und auf kreative Freiheit und Phantasie setzt, die Antithese des Rechts".[11]

---

9 S. nur *Engel/Schön* (Hrsg.), Das Proprium der Rechtswissenschaft, 2008; *Bumke*, Rechtsdogmatik – Eine Disziplin und ihre Arbeitsweise, 2017; *Stürner*, Das Zivilrecht der Moderne und die Bedeutung der Rechtsdogmatik, JZ 2012, 10 ff.

10 *Eco*, Das offene Kunstwerk, 1973.

11 *Douzinas*, Introduction, in: Douzinas/Nead (Hrsg.), Law and the Image – The Authority of Art and the Aesthetics of Law, 1999, S. 1 ("lawyers live by the text and love the past, they hate novelty ... Great art, on the other hand, precisely because it breaks away from conventions and rules, and expresses creative freedom and imagination, is the antithesis of law".

2. Kunst und Recht: Verbindendes

Sind Kunst und Recht aber tatsächlich zwei gänzlich verschiedene Institutionen, die in ihrer jeweiligen Systematik und Begriffsbildung nur wenig Gemeinsames aufweisen? Bei näherer Betrachtung ergeben sich jedenfalls nicht wenige Querverbindungen und wechselseitige Bezüge.

So ist zunächst auch die Kunst bestimmten Regeln unterworfen. Das gilt sowohl was die handwerkliche Verfertigung von Kunstwerken anbelangt, als auch welche Inhalte zu einer bestimmten Zeit erlaubt waren und ins Bild gesetzt werden konnten. Hingewiesen sei hier lediglich auf die präzisen Anleitungen zur handwerklich korrekten Herstellung von Farben und Gemälden, wie sie etwa in dem im frühen 12. Jahrhundert verfassten Werk „De diversis artibus" des Benediktinermönchs Theophilus Presbyter niedergelegt sind.[12] Auch die als selbstverständlich erachtete Regel, dass Stifterfiguren kleiner darzustellen waren als die abgebildeten Heiligen, ist als normative Vorschrift zu nennen. Schließlich waren die Attribute der Heiligen, derer es bedurfte, um die im Bild zu sehenden Personen identifizieren zu können, im Rahmen der christlichen Ikonografie durch Konventionen festgelegt.[13]

Dass Kunst nur sei, was sich innovativ über bestehende Grenzen hinwegsetzt und mithin in scharfen Gegensatz zum normativen Anspruch des Rechts tritt, ist ohnehin eine Auffassung neueren Datums. Sie setzte sich erstmals durch, als sich im 19. Jahrhundert die Impressionisten ganz bewusst von dem an den Kunstakademien gelehrten Regelkanon absetzten. In der Folge waren die sukzessiven Avantgarden programmatisch zwar durchweg dem Neuen verpflichtet. Nachdem die Dada-Bewegung den Versuch unternommen hatte, mit jeglicher künstlerischer Tradition zu brechen, nachdem Malevitch sein „Schwarzes Quadrat" gemalt und Duchamp den Weg in die Konzeptkunst gewiesen hatte, war eine linear gedachte Fortschrittsgeschichte der Kunst, wie sie die Moderne entworfen hatte, jedoch an ein Ende gekommen. Seit der Postmoderne herrscht in der Kunsttheorie wieder ein zirkuläres Verständnis der Weiterentwicklung von Kunst und künstlerischem Schaffen vor. Angenommen wird nicht länger, dass neue Kunstwerke die Regeln der jeweils zuvor geschaffenen Werke überwinden und außer Kraft setzen, sondern dass sie ihre eigene Quali-

---

12 Zur Übersetzung und Kommentierung s. *Brepohl*, Theophilus Presbyter und das mittelalterliche Kunsthandwerk, 2. Aufl. 2013.

13 S. *Keller*, Lexikon der Heiligen und biblischen Gestalten, 10. Aufl. 2005; *Kirschbaum/Braunfels* (Hrsg.), Lexikon der christlichen Ikonografie, 1968 ff.

tät dadurch entwickeln, dass sie Vorheriges aufnehmen und variieren und subtile Differenzen aufzeigen.[14] Nicht zuletzt aufgrund der globalen Auffächerung des künstlerischen Schaffens stehen Tradition und Innovation in der Kunst heute in einem weit komplizierteren Verhältnis zueinander, als seinerzeit die akademische Kunsttradition und die dagegen gerichtete impressionistische Auflehnung. Das führt zu dem Schluss, dass sich künstlerisches Schaffen heute zwar durchweg mit der normativen Grenzlinie von Bestehendem und Neuem auseinandersetzen muss, dass aber gerade deshalb eine inhärente Beziehung von Kunstschaffen und Normativität besteht.

Aber auch das Recht ist nicht ganz so autopoietisch gegenüber der Kunst abgeschottet, wie die systemtheoretische Beschreibung von Niklas Luhmann glauben lassen mag. Zwar trifft es zu, dass juristische Schlussfolgerungen allein nach den Regeln binnenjuristischer Dogmatik produziert werden. Das heißt aber noch nicht, dass zwischen Recht und anderen Subsystemen der Gesellschaft keinerlei Verbindungen bestünden. An mehreren Stellen verweist das Recht durchaus auf Begriffe, Entscheidungen und Sachverhalte außerhalb seiner eigenen Kompetenz, die dann *tel quel* in den juristischen Argumentations- und Entscheidungsdiskurs übernommen werden. Als Beispiele genannt seien nur die „für Kunst empfänglichen und mit Kunstanschauungen einigermaßen vertrauten Verkehrskreise", auf die es nach der Rechtsprechung zur Feststellung der für den urheberrechtlichen Schutz erforderlichen Individualität eines Werkes ankommt. Beim urheberrechtlichen Folgerecht, also dem Anspruch von Künstlern auf eine Beteiligung am Weiterverkaufserlös ihre Werke im Kunsthandel und bei Versteigerungen, verweist der europäische Gesetzestext explizit auf Exemplare, „die als Originale von Kunstwerken angesehen werden". Aber auch methodisch nicht dogmatische Herangehensweisen an das Recht, wie insbesondere die ökonomische Analyse und auch die Rechtssoziologie, plädieren dafür, außerrechtliche Definitionen, Zusammenhänge und Erkenntnisse im rechtlichen Gesetzgebungs- und Entscheidungsdiskurs zu berücksichtigen. Das führt zu der entscheidenden Frage, wem – dem Gesetzgeber bzw. Richter oder der externen Instanz – insoweit die Definiti-

14 S. nur etwa *Müller-Tamm*, Die Kunst der Wiederholung und das Museum, sowie *Ullrich*, Ein Original vom Original, in: Mensger (Hrsg), Déjà-vu? – Die Kunst der Wiederholung von Dürer bis Youtube, Ausstellungskatalog, Karlsruhe, 2012, S. 19 ff. und 25 ff. – Parallel dazu mit einem spekulativen materialistischen kunstphilosophischen Ansatz, nach dem nichts notwendige Folge eines Vorhergehenden, sondern alles kontingent ist, *Meillssoux*, Après la finitude – Essai sur la nécessité de la contingence, 2006.

ons- und Entscheidungskompetenz zukommen soll.[15] Kunstrecht vermag hier also durchaus als „Brückenschlag zwischen den so verschiedenen Gebieten“[16] von Kunst und Recht zu wirken.

Auch weitere strukturelle wie institutionelle Parallelen zwischen Kunst und Recht sind zu konstatieren. Institutionen sowie Regeln im normativen und im ästhetischen Bereich mögen sich unterscheiden, doch finden sich sowohl Institutionen als auch Regeln in beiden Gebieten. Nicht nur das Recht, sondern auch die Kunst kennt einen Kanon von Werken, wird in Hochschulen unterrichtet und in Zeitschriften diskutiert. Eine weitere Verschränkung besteht darin, dass sich manche Juristen mit den Regeln hinsichtlich der Kunst befassen, wie spiegelbildlich manche Künstler in ihren Werken rechtliche Zusammenhänge und Fragestellungen thematisieren. Bislang nur wenig ausgeleuchtete Querverbindungen bestehen auch bei denjenigen Künstlern, die wie E.T.A. Hoffmann, Heinrich Heine und Anselm Kiefer, aber auch Cicero, Montesquieu und Goethe in ihrer jeweiligen Anfangszeit zumindest juristische Studien betrieben haben, wenn sie nicht gar voll ausgebildete Juristen waren.[17] Nur nebenbei: dem nachzugehen würde ein wunderbares Dissertationsthema abgeben. Und schließlich: Auch wenn Recht zumeist als bilderfeindliche Textwissenschaft apostrophiert wird, finden sich doch auch im Recht eine Reihe von Bildern, wie umgekehrt das Recht in einer Reihe von Bildern thematisiert wird. Dass das Recht nicht so bilderfeindlich ist, wie ihm zumeist unterstellt wird, wird besonders deutlich, wenn man den Bildbegriff nicht auf visuelle Bilder beschränkt, sondern von ihm auch mentale Bilder umfasst sieht und mithin auch die Sprachmetaphorik rechtlicher Texte wie auch die den Rechtsbegriffen selbst zugrunde liegenden Bilder mit berücksichtigt.

II. Bild und Recht

Das bringt mich zum zweiten Teil, mit dem der Blick von „Kunst und Recht“ zu „Bild und Recht“ übergehen und erweitert werden soll. Freilich haben die Geldgeber für die Denomination des Lehrstuhls nicht ohne

---

15 S. dazu *Fallert*, Definitionskompetent – Wer entscheidet, was als Kunst gilt?, GRUR 2014, 719 ff.

16 *Jayme*, Kunstrecht und Kunstgeschichte, in: Jayme/Schock-Werner, Kunstrecht und Kunstgeschichte, Kölner Juristische Gesellschaft 32, 2017, S. 9 ff., 10 und 15 f.

17 S. *Stiens*, Vom Recht zur Kunst – 14 Porträts unvergänglicher Künstler, die zuvor Juristen waren, 2012.

Grund die Bezeichnung „Kunst- und Kulturgutschutzrecht" gewählt. Im Mittelpunkt stehen das neue Kulturgutschutzgesetz und mithin die rechtlichen wie moralischen und kulturhistorischen Fragestellungen der Nationalität von Kunstwerken, der Identitätsbildung und Geschichtsschreibung ebenso wie Fragen des einfachgesetzlichen und des verfassungsrechtlich garantierten Eigentumsrechts. Das zielt – im Zusammengehen mit den beiden anderen kunstgeschichtlichen Professuren – vor allem auf Fragen der Provenienz von Kunstwerken ab, die in der Vergangenheit unter zweifelhaften Umständen entwendet beziehungsweise aus ihrem angestammten Umfeld herausgelöst und in andere Hände verbracht worden sind.

Dennoch gibt es, so meine ich, gute Gründe, nicht allein die klassische Kunst und die ihr zuzurechnenden Werke in den Blick zu nehmen, sondern ganz allgemein auf Bilder abzustellen, wenn die Regulierung des Visuellen in Augenschein genommen werden soll.

1. *Von „Kunst und Recht" zu „Bild und Recht"*

Zunächst einmal besitzen Werke der bildenden Kunst jeweils eine visuell wahrnehmbare Form. Kunstwerke lassen sich daher problemlos als „Bilder" verstehen, vorausgesetzt freilich, man will den Bildbegriff nicht auf „Flachware", also auf lediglich zweidimensionale Werke, beschränken. Nur als Exkurs sei in diesem Zusammenhang angemerkt, dass sich vom Bildbegriff ausgehend auch das Problem lösen lässt, welches das Urheberrecht mit der Akzeptanz von Werken der Konzeptkunst und der Appropriation Art hat. Deren urheberrechtliche Schutzfähigkeit wird bekanntlich zumeist deshalb verneint, weil die für Werke der bildenden Kunst erforderliche Formgebung bei Ready mades wie bei Werken der Appropriationskunst nicht von demjenigen herrührt, der das Ready made vorstellt bzw. der das fremde Werk appropriiert hat.[18] Damit aber bleiben nach traditioneller Auffassung gerade die Ikonen der Kunst des 20. Jahrhunderts schutzlos. Vermeiden lässt sich dieses Ergebnis, wenn man darauf abstellt, dass es bei Ready mades, Appropriation Art und Konzeptkunst weniger

18 So in besonderer Deutlichkeit *Schack*, Appropriation Art und Urheberrecht, in: Loewenheim, U. (Hrsg), Urheberrecht im Informationszeitalter, Festschrift für Wilhelm Nordemann, 2004, S. 107 ff.; für die Berücksichtigung eines „inneren" Abstandes, jedoch nach wie vor auf die Bildlichkeit abstellend *Huttenlauch*, Appropriation Art – Kunst an den Grenzen des Urheberrechts, 2010; s. auch *Fischer*, Digitale Kunst und freie Benutzung – Systematisierung und Flexibilisierung, 2018, S. 33 ff.

um die konkrete visuelle Form des jeweils vorgestellten Gegenstandes geht, als vielmehr um das damit verbundene Konzept. Dass letzteres in vielen Fällen erst im Wege sprachlicher Erklärung deutlich gemacht werden muss, ist von Kritikern dieser Kunstrichtungen oft beklagt worden, weist jedoch darauf hin, dass die urheberrechtliche Einordnung der genannten Werke nicht als „Bilder“ und mithin als Werke der bildenden Kunst angezeigt erscheint, sondern ihre Subsumption unter die Sprachwerke. In jedem Einzelfall zu prüfen ist dann freilich noch, ob das betreffende Konzept als Text die urheberrechtliche Schöpfungshöhe erreicht, und nicht lediglich eine schutzunfähige bloße Idee darstellt.

Doch zurück zu der Frage, warum die Bilder als Bezugsobjekte für das Zusammengehen von Recht und Kunst geeigneter erscheinen als die Kunst. Wie der Kunsthistoriker Hans Belting in seinem *Opus magnum* „Bild und Kult“ in dessen Untertitel angezeigt hat, gab es Bilder auch bereits vor dem Zeitalter der Kunst.[19] Gemeint ist damit, dass Artefakte nicht *per se* als Kunst qualifizieren, sondern lediglich zu einer bestimmten Zeit als Kunstwerke angesehen werden. Wenn es aber Bilder vor dem Zeitalter der Kunst gegeben hat, dann liegt die Annahme nahe, dass es auch Bilder nach dem Zeitalter der Kunst geben wird. Schon heute sind die Studenten der Hochschule für Gestaltung in Karlsruhe, um nur ein Beispiel anzuführen, nicht mehr daran interessiert „Kunst“ zu machen. Ihnen geht es schlicht darum, etwas Kreatives zu „machen“, meistens in Form kommunikativer und interaktiver Akte, bei denen durchaus Artefakte entstehen können, aber nicht entstehen müssen, bei denen immer jedoch etwas sichtbar wird.[20]

In den gegenwärtigen Zeiten digitaler Vernetzung gibt es schließlich einen weiteren Grund, nicht allzu eng auf eine elitär verstandene Hoch-Kunst zu fokussieren. War es früher nämlich nur gelernten Kunsthandwerkern vorbehalten, Artefakte zu produzieren, denen die Gesellschaft das Etikett der Kunst angeheftet hat, ist visuelles Kunstschaffen aufgrund der demokratischen Verbreitung digitaler Kameras und vor allem der allgegenwärtigen Smartphones nicht mehr allein Künstlern vorbehalten, sondern auch der großen Zahl derjenigen, die man früher abschätzig als Amateure bezeichnet hatte. Angesichts der immensen Bedeutung, die Bildern in der gesellschaftlichen Kommunikation zukommt, sollte das Phänomen des

---

19 *Belting*, Bild und Kult – Eine Geschichte des Bildes vor dem Zeitalter der Kunst, 1990.

20 Diesen Hinweis verdanke ich *Wolfgang Ullrich*, der von 2006 bis 2015 an der Karlsruher Hochschule für Gestaltung eine Professur innehatte.

„user-generated-content“ nicht allzu leichtfertig ausgeblendet bleiben. Auch das lässt es meines Erachtens angezeigt erscheinen, sich mit dem Recht und der rechtlichen Regulierung nicht nur von Kunst, sondern ganz generell auch der Bilder zu befassen.

2. *Die Regulierung der Bilder*

Die Erweiterung des Blicks von Kunstwerken auf alle Bilder eröffnet zugleich eine Reihe weiterer Perspektiven und Fragestellungen, die auch für das Verhältnis von Kunst und Recht fruchtbar gemacht werden können.

Nimmt man nämlich die Regulierung der Bilder in den Blick, hat man es nicht nur mit einem *genitivus objectivus* zu tun, sondern zugleich mit einem *genitivus subjectivus*. Es geht also nicht allein um Bilder – und mithin um Kunstwerke – als Objekte einer normativen Regulierung. Vielmehr geht von den Bildern beziehungsweise den Kunstwerken als Subjekten ebenfalls eine normative Wirkung aus. Dies ist eine weitere Verschränkung von Recht und Kunst beziehungsweise Bild, auf die man bei der bloßen Frage nach den Rechtsnormen, die auf Sachverhalte im Zusammenhang mit Kunst und Bildern zur Anwendung kommt, nicht ohne weiteres stößt. Diese Verschränkung des Normativen mit dem Visuellen wirkt in beide Richtungen. Zum einen geht es – wie soeben angedeutet – um die normative Kraft, die nicht allein Rechtsnormen, sondern auch die Bilder zu entfalten vermögen. Zum anderen können auch Rechtsnormen meines Erachtens durchaus als Bilder verstanden werden. Lassen Sie mich das kurz ausführen.

Bei der Frage nach der Bildhaftigkeit von Rechtsnormen geht es nicht allein um die Verwendung sprachlicher Metaphern in Rechtstexten, also in Gesetzen, Urteilen und der rechtswissenschaftlichen Literatur. Zu berücksichtigen ist ebenfalls, dass im Recht verwandte Begriff wie „Kunst“ und „Bild“, die in der grundgesetzlichen Kunstfreiheit oder in den Vorschriften des Kunsturhebergesetzes vorkommen, zunächst einer Vorstellung und Definition dessen bedürfen, was denn nun eigentlich als Kunst und was als ein Bild zu verstehen ist. Mit anderen Worten: Die Definition und Begrifflichkeit visueller Erscheinungen geht rechtstheoretisch deren normativer Erfassung voraus. Vor allem aber zielt die Frage nach Bildhaftigkeit von Rechtsnormen darauf ab, inwieweit den textförmlichen Rechtsnormen selbst Bilder zugrunde liegen. Meines Erachtens wird man die Frage nach der Bildhaftigkeit von Rechtsnormen dann bejahen können, wenn man den in den Bild- wie auch den Rechtswissenschaften bislang nicht verwandten Begriff des Modells einführt.[21] Nach der Abbildtheorie, die der gängigen Definition dessen zugrunde liegt, was ein Modell ausmacht, handelt es sich bei einem Modell um ein Abbild der Wirklichkeit, das die ungleich komplexere Wirklichkeit um diejenigen Merkmale reduziert, die aus der Sicht der jeweiligen Fragestellung für unwesentlich erachtet werden. Ziel der Modellbildung ist die Reduktion und Abstraktion von Wirklichkeit, um für den zu untersuchenden Zusammenhang als grundlegend erachtete Strukturen heraus zu präparieren, um deren Funktionsweise besser verstehen und handhabbar machen zu können. Als Abbild *von* etwas lassen sich Modelle in einem weiteren Sinn durchaus als den Bildern zugehörig verstehen. Zugleich sind Modelle immer auch Modelle *für* etwas.[22] Genau diese Aussagen treffen auch auf Rechtsnormen zu: Es wird der zu beurteilende Sachverhalt nicht anhand konkreter Geschehensabläufe, sondern abstrakt in der Rechtsnorm erfasst und dabei die bunte und dreidimensionale Wirklichkeit um alle aus rechtlicher Sicht für unwichtig gehaltenen Elemente reduziert und in die zwei-, wenn nicht gar eindimensionale sequentielle Sprachform des Normsatzes überführt. Um erneut Douzinas zu zitieren: Es basiert das Recht „auf einem entfernenden oder reinigenden Vorgehen“.[23] Zugleich ist die Rechtsnorm nicht nur Abbild von etwas, sondern sie ist auch zur Erfüllung eines bestimmten Zwecks formuliert. Um es am Beispiel der zivilrechtlichen Schadensersatznorm des § 823 Abs. 1 BGB zu erläutern: Die Tatbestandsmerkmale „Wer“, „vorsätzlich/fahrlässig“, „Leben, Körper, Gesundheit u.a.“, „eines anderen“, „widerrechtlich“, „verletzen“ sowie die Rechtsfolge „Schadensersatz“ sind die aus der Wirklichkeit abstrahierten Parameter, die das Ideal des rechtlich Gesollten umschreiben und die zugleich aufgrund der der Norm innewohnenden normativen Kraft darauf hinwirken, dass das in der Norm modellhaft abgebildete rechtlich Gesollte in die Wirklichkeit zurückgespiegelt wird. Versteht man also Rechtsnormen als Modelle und mithin als Bilder, dann lassen sich Aussagen über sie nicht allein mit dem Instrumentarium

---

21 Dazu näher *Dreier*, Bild und Recht – Versuch einer programmatischen Grundlegung, Bild und Recht – Studien zur Regulierung des Visuellen Bd. 1, Nomos-Verlag Baden-Baden 2019, 377 S.

22 *Mahr*, Modellieren – Beobachtungen und Gedanken zur Geschichte des Modellbegriffs, in: Krämer/ Bredekamp, Bild – Schrift – Zahl, 2003, S. 59 ff.

23 *Douzinas*, Introduction, in: Douzinas/Nead (Hrsg.), Law and the Image – The Authority of Art and the Aesthetics of Law, 1999, S. 3 f. („predicated upon a cleansing or purificatory operation“); ähnlich *Braun*, Einführung in die Rechtsphilosophie, 2. Aufl. 2011, S. 45 und 381 ff.

der juristischen Dogmatik, sondern auch unter Heranziehung der Methoden der Bildwissenschaften treffen.

Was schließlich die normative Kraft anbelangt, die nicht allein Rechtsnormen, sondern auch Bildern zu entfalten vermögen, so dürfte diese Frageperspektive den Juristen zunächst eher fremd vorkommen. Am ehesten noch ruft sie die seinerzeitige Debatte um die Werbekampagne der Firma Benetton mit Bildern vom Leid anderer in Erinnerung,[24] wie auch die noch nicht beendete Debatte um das von Werbung und Modeindustrie transportierte Rollenbild der Frau. Die Problematik ist jedoch weit älter und zugleich umfassender. So hatte die Erfindung der Zentralperspektive zur Folge, dass der Bildgeber dem Betrachter innerhalb des Bildraumes einen bestimmten Punkt zuweist, von dem aus – und nur von dem – der Betrachter das Bild betrachten kann, gleichviel aus welchem Winkel und aus welcher Distanz der Betrachter ein zentralperspektivisch konstruiertes Bild anblicken mag. Aber auch ganz generell lösen Bilder beim Menschen aufgrund von dessen anthropologischen Konditionierung als visuelle Störungen stabil memorierter Umweltmuster einen neurophysiologischen Aufmerksamkeitsreflex aus. Die Musterveränderung könnte ja von einem Tiger herrühren, der im Unterholz des Waldes zum angreifenden Sprung ansetzt. Diese den Bildern innewohnende, den Blick des Betrachters herausfordernde Kraft hat einige Kunstwissenschaftler in jüngerer Zeit dazu veranlasst, den Bildern ein eigens Agens zuzuschreiben.[25] Damit ist genau diese Eigenleistung der Bilder benannt, Handlungen des Betrachters zu provozieren, herauszufordern und zu erzeugen. Oder anders formuliert: Bildern kommt die Eigenschaft zu, aufgrund des von ihnen ausgehenden Appells an den Sinnesapparat des Betrachters normativ auf den Betrachter einzuwirken.

Aber auch unabhängig davon, ob man den Bildern ein eigenes Agens und mithin normative Kraft zuschreiben will oder nicht, hat die Massenhaftigkeit der heutigen fotografischen Bilder zur Folge, dass Betrachter oft Gesehenes als „normal“ erachten, und aus dem gesehenen „Normalen“ eine diesem entsprechende Norm ableiten. Auch insoweit lässt sich eine den Bildern innewohnende normative Kraft ausmachen. Dass derartige

---

24 BGH, Urteile vom 6.7.1995, I ZR 239/93, NJW 1995, 2488 – Ölverschmutzte Ente, und vom 6.12.2001, I ZR 284/00, ZUM-RD 2002, 232 – „H.I.V. POSITIVE“ II, sowie dazu Beschluss des BVerfG vom 11.3.2003, 1 BvR 426/02, BVerfGE 102, 347 – Benetton-Werbung.

25 *Elkins*, The Object Stares Back – On the Nature of Seeing, 1996, S. 46 ff.; *Mitchell*, What do pictures want?, dt.“ Das Leben der Bilder – Theorie der visuellen Kultur“, 2008, S. 46 ff.; *Bredekamp*, Theorie des Bildaktes, 2010, S. 20 ff.

Schlüsse vom „Normalen" auf eine „Norm" die bloße Häufigkeit des Gesehenen mit dessen moralischem Inhalt verwechseln und so aus philosophischer Sicht einen Kategorienfehler begehen, steht freilich auf einem anderen Blatt.

III. Coda: Von „Law and Literature" zu „Law and Image"

Kurz zusammengefasst: Ich will meine Ausführungen verstehen als ein Plädoyer für eine umfassende Erforschung des Verhältnisses von „Bild und Recht", ganz so wie die „Law and Literature"-Bewegung sich bereits in einer Vielzahl von Beiträgen um das Verhältnis von Recht und Literatur unter den Blickwinkeln von Recht *als* Literatur und Recht *in* der Literatur gewidmet hat. Parallel dazu würde es bei „Recht und Bild" – also „Law and Image" – darum gehen, jenseits der Regulierung der Bilder durch das Recht umfassend den Fragen von Recht im Bild über Recht als Bild bis hin zu Bildern als Recht nachzugehen.[26]

Im Dreieck von Bilderzeugung und Bildgebrauch, technologischer Entwicklung sowie rechtlicher Regulierung lässt sich aus den hier skizzierten Fragestellungen – so steht zu hoffen – ein besseres Verständnis dessen gewinnen, wie die Wirklichkeit durch die technologiegesteuerten Bilder gestaltet wird, auf welche Weise die durch Bilder veränderte Wirklichkeit auf den Entwurf neuer Bilder zurückwirkt, und welche Funktion dem gegenwärtig noch immer einseitig an Sprache gebundenen Recht bei dieser Konstruktion von Wirklichkeit und mithin des Menschenbildes zukommt.

Aufgrund der genannten Verschränkungen sollten und können diese Fragen nur im interdisziplinären Zusammenwirken von Rechts- und Kunst- beziehungsweise Bildwissenschaften angegangen werden.

Als Mitherausgeber der im NOMOS-Verlag erscheinenden Reihe „Schriften zum Kunst- und Kulturrecht" und zugleich der ebenfalls im Verlag NOMOS erscheinenden neuen Reihe „Bild und Recht – Studien zur Regulierung des Visuellen" ist Prof. Weller mit seinem Lehrstuhl dazu bestens aufgestellt.

In diesem Sinne wünsche ich dem Stiftungslehrstuhl wie insbesondere der Forschungsstelle Provenienzforschung, Kunst- und Kulturgutschutz-

---

26 Ausführlicher dazu *Dreier*, Bild und Recht – Versuch einer programmatischen Grundlegung, Bild und Recht – Studien zur Regulierung des Visuellen Bd. 1, Nomos-Verlag Baden-Baden 2019, 377 S.; in Teilen bereits *ders.*, Bilder und die Werkzeuge des Rechts – Normative Bilderregeln und Visual Images, in: Weller/Kemle (Hrsg.), Kultur im Recht – Recht als Kultur, 2016, S. 113 ff.

recht (FPK) eine erfolgreiche Arbeit und freue mich auf eine weitere fruchtbringende Zusammenarbeit.